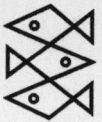

Gefühle können schön und berauschend sein, und wir Frauen neigen dazu, sie vorbehaltlos zu bejahen. Wir schwelgen in romantischen Vorstellungen und sind zu Recht stolz auf unser Einfühlungsvermögen und unsere Fähigkeit, Emotionen zu zeigen. Wenn es jedoch um Empfindungen wie Wut und Verzweiflung geht, offenbart sich die Kehrseite der Gefühlsbetontheit. Schnell geraten wir in einen Emotionsstrudel, der uns in die Tiefen der Irrationalität herabzieht. Auch wenn es dem gängigen Psychodenken widerspricht: Manche Gefühle sollten lieber auf Eis gelegt werden!

Die beiden Erfolgsautorinnen Cheryl Benard und Edit Schlaffer zeigen ihren Leserinnen, wie sich quälende Emotionen vermeiden und positive Empfindungen kultivieren lassen. Dazu gehören die richtigen Techniken der Selbstkontrolle und das Geschick, in emotional aufgeladenen Situationen gelassen und überlegen zu bleiben. In diesem Buch erfahren Frauen, wie sie mit Hilfe ihres Verstandes zur »Maestra der Gefühle« werden, um ihre Emotionen souverän zu dirigieren.

Cheryl Benard, geboren in New Orleans, verheiratet, zwei Kinder, und *Edit Schlaffer*, geboren im Burgenland, verheiratet, zwei Kinder, leiten als Sozialwissenschaftlerinnen die Ludwig-Boltzmann-Forschungsstelle für Politik und zwischenmenschliche Beziehungen in Wien. Mit ihren Forschungen und Publikationen versuchen sie seit Jahren unerschrocken die Männer zu bilden, die Frauen rebellischer zu machen und die Gesellschaft zu verändern. Zu ihren aktuellsten Veröffentlichungen zählen: ›Rückwärts und auf Stöckelschuhen ... können Frauen soviel wie Männer‹ (1999), ›Einsame Cowboys. Jungen in der Pubertät‹ (2000) sowie ›Die Physik der Liebe. Warum selbstbewusste Frauen glücklichere Beziehungen haben‹ (2001).

Unsere Adresse im Internet: www.fischer-tb.de

Cheryl Benard / Edit Schlaffer

Die Emotionsfalle

Vom Triumph
des weiblichen Verstandes

Fischer Taschenbuch Verlag

Veröffentlicht im Fischer Taschenbuch Verlag,
ein Unternehmen der S. Fischer Verlag GmbH,
Frankfurt am Main, April 2002

Lizenzausgabe mit Genehmigung des
Krüger Verlages, Frankfurt am Main
© Wolfgang Krüger Verlag GmbH, Frankfurt am Main 1999
Druck und Bindung: Clausen & Bosse, Leck
Printed in Germany
ISBN 3-596-15211-9

Inhalt

Einleitung

Wir mögen immer noch in einer Männerwelt leben, aber in einem Punkt fühlen die meisten Frauen sich dem starken Geschlecht haushoch überlegen: in der Welt der Gefühle. Hier blüht das angeknackste Selbstwertgefühl der Frauen auf und macht der wohligen Gewißheit Platz, einen authentischen Vorsprung zu besitzen. Wir haben mehr Gefühle. Wir können mit Gefühlen besser umgehen. Wir haben weniger Angst davor, unsere Gefühle zu zeigen.

Wenn wir den wohltuenden Stolz auf unsere emotionale Überlegenheit behalten wollen, dürfen wir eine recht zentrale Frage nicht stellen, und zwar diese: Wenn wir ein so ausgeprägtes Talent in einem so bedeutenden Bereich der menschlichen und sozialen Konstitution besitzen, warum geht es uns dann nicht besser? Wer mit den eigenen Gefühlen in Einklang lebt, die Gefühle anderer durchschaut, mit Gefühlen umgehen kann, verfügt doch über eine enorme soziale Macht.

Beim kolossalen Vorsprung, den Frauen angeblich auf dem Gefühlssektor besitzen, müßten sie schon längst die Welt beherrschen, zumindest aber ihren unmittelbaren Wirkungskreis. Sie müßten sich routinemäßig durchsetzen können gegen Mitarbeiter, Verwandte und Ehemänner, deren angeblich rudimentärer Gefühlshaushalt ihrer virtuosen Manipulation hilflos ausgeliefert sein müßte.

Ihre Kinder müßten ihnen gehorchen, ihre Partner fest an sie gebunden sein. Und sie selber sollten, weise wie das fleischgewordene Tao, über ein ausgeglichenes Innenleben verfügen. Zumindest sollten sie wissen, wie sie mit ihren eigenen schlechten Launen, Krisen und Rückschlägen fertig werden. Naturtalent im Gefühlsbereich, kombiniert mit Jahrtausenden der Übung im Umgang damit, müßte ein Geschlecht von souveränen Gefühlsexpertinnen hervorgebracht haben.

Wenn wir Frauen betrachten, sehen wir zwar viel Gefühl, aber wenig Expertise. Wenn Frauen mehr Gefühl haben, dann leider nicht so, wie der Gewichtheber mehr Muskeln hat oder die Sängerin ein überlegenes Gehör, sondern eher so, wie der Grippepatient mehr Viren hat und das kleine Kind, das sich in einem Tobsuchtsanfall zu Boden wirft, mehr Launen. Die Praxis zeigt uns, daß Frauen weit davon entfernt sind, die Gefühlswelt lässig zu regieren. Öfter sind sie ihren eigenen Gefühlen ausgeliefert, von einer inneren Zerrissenheit lahmgelegt.

Ist es gut, Gefühle zu haben? Als Frauen sind wir geneigt, den Satz vorbehaltlos mit einem innigen JA! zu beantworten. Das ist viel zu pauschal. Gefühle sind interessant, sie können aufschlußreich sein, und manchmal schön und berauschend. Sie können aber auch schrecklich sein, unpassend, zäh und unberechenbar.

Im klassischen Credo der Weiblichkeit werden Gefühle groß geschrieben. Sie sind gut, gut, gut, auch wenn sie weh tun. Erst durch Gefühle spüren wir, daß wir so richtig am Leben sind. Gefühle sind eine Naturgewalt, die über uns kommt und uns mitreißt – manchmal in euphorische Höhen, manchmal in Tränentäler. Aber da darf man nicht klagen, denn Gefühle sind ein Paket. Ein Koffer mit gemischtem Inhalt. Sortiert wie die Bonbonniere einer Gruselfabrik, die nebst Vanillecreme und Haselnüssen auch Asche, Öl und Arsen in dem Konfekt verpackt. Und man muß sie nehmen, wie sie kommen, die süßen und die bitteren, die guten und die schlechten.

Gefühlvoll zu sein gilt für Frauen noch immer als Tugend, auch wenn die beiden Endpole der Sentimentalität und der Hysterie mittlerweile zu klischeehaften Beschimpfungen degradiert wurden. Gefühlvoll zu sein gilt nichtsdestotrotz als Gabe, ähnlich einem feinen Geruchssinn oder einem guten Ohr für Musik. Es ist unvermeidbar, daß ein damit begnadeter Mensch eben auch die schlechten Gerüche und die atonalen Klänge stärker empfindet als andere.

Oder?

Wir wollen es hier anders machen. Wir wollen sortieren. Die schlechten Gefühle besser kennenlernen und einen gezielteren Umgang mit ihnen finden. Die guten emporheben, entgegen der weitverbreiteten weiblichen Neigung, die tragischen und schlechten Empfindungen irgendwie inniger, tiefer, ehrlicher zu finden als die glücklichen.

Zwischen Ihnen und einem besseren Gelingen Ihrer Beziehungen steht somit nur eine kleine Hürde: Sie müssen Ihre gesamte Gefühlswelt umkrempeln. Wir wollen aus Ihnen eine Art Gefühlskarajan machen, eine Maestra, die gekonnt aus einem Wirrwarr von möglichen Geräuschen eine bewegende Symphonie gestaltet; eine Gefühlsvirtuosin, eine Gefühlskünstlerin.

Wer klüger und besser werden will, muß drei Dinge tun: Vorurteile hinterfragen, von anderen lernen und an sich arbeiten. Unsere weibliche Einstellung zu Gefühlen besteht zu einem erschreckenden Maß aus Vorurteilen. Was wir da vorzuweisen haben, ist kein Wissen, sondern sind angesammelte Mythen, mit denen wir uns durch schwierige Zeiten hinwegtrösteten und eigene Fehler rationalisierten. Lernen können wir dabei durchaus auch von denjenigen, die in unseren Augen minderwertig sind. Auf dem Gefühlssektor sind das nach verbreiteter Frauenmeinung: die Männer. Gerade weil ihr Zugang oft recht anders ist, hilft er uns, den eigenen kritisch zu betrachten.

Dringender als der Kleiderschrank verlangt der Gefühlshaushalt nach einer Säuberungsaktion. Da muß drastisch ausgemistet, gelüftet, Altmodisches verschenkt werden. Was zu klein und eng geworden ist, muß weg. Sie sollen nicht die alten Klamotten von vorgestern mit sich herumschleppen, sondern als erhabene Alchimistin der Gefühle Kompositionen schaffen, die für jede Lebenssituation und zu Ihrem Stil passen.

Kapitel 1
Haben Sie Gefühle?
(oder haben die Gefühle Sie?)

Gefühle – sie begleiten uns durchs Leben, vom ersten Atemzug an. Deshalb scheinen sie uns vertraut, aber es lohnt sich, einen Schritt zurückzutreten und sie einem kühl studierenden Blick zu unterziehen. Was ist das eigentlich, was wir da haben und fühlen?

Haben Sie Gefühle? Bevor Sie antworten, denken Sie einen Augenblick über diese Formulierung nach. Was bedeutet es, etwas zu »haben«? Beinhaltet es eine Wertung, d. h.,ist es gut, schlecht oder neutral? Wir haben: Geld, Kleider, ein Haus, ein Auto. Wir haben aber auch: Schulden, eine Verkühlung, Sorgen. Und wir haben: Verwandte, Sommersprossen, grüne Augen. Worin liegt beim Haben der Unterschied zwischen gut, schlecht und neutral? Etwas zu »haben« ist neutral, wenn es uns weder hilft noch behindert. Es ist gut, wenn wir das Gehabte kontrollieren, besitzen, steuern, wenn wir es gewählt haben, es wollen, es beeinflussen können und es zur Not auch wieder loswerden können. Wenn es uns stört, wenn wir es nicht wollten, wenn es einfach über uns kam, wenn es früher mal gut war, aber heute wie ein Troß an uns hängt, dann ist es schlecht. Genauso verhält es sich mit Gefühlen.

Gefühle sind ein Instrument. Mit den Sinnen verwandt, geben sie uns Information, die wir aufnehmen und auf die wir reagieren können. Unsere Sinne sagen uns, ob etwas nahe oder weit, heiß oder kalt, süß oder sauer, schmerzhaft oder angenehm ist. Damit erhöhten sie in menschlichen Frühzeiten unsere stündlichen Überlebenschancen, und damit tragen sie heute zu unserer Sicherheit und unserem Wohlbefinden bei. Die Emotionen haben potentiell denselben Sinn – aber paradoxerweise erlauben wir ihnen oft nicht, ihre Aufgabe zu erfüllen.

Wir hören schon Ihre Einwände. Emotionen sind unzuverlässig, sagen Sie vielleicht. Man kann sich nicht auf sie verlassen. Das stimmt, gilt aber auch für die anderen Sinne. Etwas, was uns nicht guttut, kann uns trotzdem schmecken. Etwas, was gräßlich schmeckt und den Körper mit Schmerz und Krankheit vehement protestieren läßt, kann uns trotzdem als Suchtmittel abhängig machen. Die Grenze zwischen Lust und Schmerz ist in manchen Situationen schwer auszumachen. Durch schlechte Gewohnheit oder die Kraft noch stärkerer Bedürfnisse können wir unsere Sinne und deren wichtige Botschaften gänzlich ausschalten. Und sogar dieser Prozeß, die Gefühle auszuschalten, kann lustvoll sein. Alkohol und Drogen sind zum Teil deshalb attraktiv, weil sie die Gefühle verfremden, verändern oder stillegen.

Wir können uns, weil irgendein Wunsch oder Ziel es erfordert, extremer Hitze und Kälte aussetzen, obwohl unsere Sinne protestieren. Es gibt absolute Grenzen, über die wir nicht hinwegkommen, weil unsere Körper danach nicht mehr funktionieren können, aber diese Grenzen sind sehr dehnbar, der Spielraum ist sehr groß.

Bei den Sinnen erscheint es uns selbstverständlich: Wir hören auf sie, betrachten sie als nützliche Quelle der Information über unsere Umwelt, aber als unserem Willen untergeordnet. Die Finger sind kalt, melden die Sinne. Wir ziehen Handschuhe an. Ich bin müde, sagen die Sinne, aber wenn der Wecker läutet und der Arbeitstag ruft, stehen wir trotzdem auf. Die Sinne sind ein Instrument. Kein untrügliches, aber ein wertvolles. Oft hören wir auf sie und passen unser Verhalten an, manchmal nicht. Sie geben eine Meldung. In den meisten Fällen liegt es dann an uns zu entscheiden, ob und wie wir auf diese Meldung reagieren wollen.

Die extremen Sinnesmeldungen bilden hier eine Ausnahme. Manche körperlichen Empfindungen lassen keinen Spielraum zu. Extremer Schmerz, extreme körperliche Bedürfnisse sind stärker als unser Wille. Wir »gehorchen unserem Durst«, wenn auch nicht so schnell und so markenbewußt, wie die Reklame es möchte. Auch für die Emotionen gilt das. Hier gibt es ebenso eine Extremzone – tragische Verluste, katastrophale Nachrichten, gravierende Rückschläge –, in der wir vom Gefühl überwältigt sind, zumindest vorübergehend. Aber die breite Masse der Gefühle ist, wie die breite Masse der sinnlichen Meldungen, lediglich eine Information, die wir ein- und auch ausschalten können wie die Abendnachrichten. Aber wir handhaben es nicht so. Hier setzen, und zwar bei Frauen ganz besonders, seltsame kontraintuitive Verschlingungen der Reaktion ein. Die wichtigste und folgenschwerste ist diese:

Sie bleiben mutwillig und ganz lange in gefühlsmäßig unangenehmen Situationen.

Greifen wir noch einmal auf unseren Vergleich mit den Sinnen zurück. Wenn uns etwas verbrennt, ziehen wir sofort die Hand zurück. Wir brauchen dafür nicht einmal unser Gehirn, sondern nur unsere Reaktionen, unsere gesunden Reflexe. Wenn etwas ganz schlecht schmeckt, spucken wir es aus. Wenn wir jemanden nicht mögen, meiden wir seine Gesellschaft. Wenn ein Film eine schlechte Besprechung hat, gehen wir in einen anderen. Wenn uns kalt ist, ziehen wir einen Pullover an. Wenn wir uns schneiden, verbinden wir die Wunde, damit sie aufhört zu bluten.

Und bei den Gefühlen? Frauen baden in schlechten Gefühlen. Sie wühlen darin, geben sich ihnen hin, kosten sie bis zur Neige. Sie rufen Freundinnen an, um das schlechte Gefühl noch einmal, ausführlicher, aufgewärmt und gemeinsam erleben zu können. Sie nehmen ihr Tagebuch zur Hand und widmen dem schlechten Gefühl darin viele Seiten, wobei sie ihm immer tiefere und schmerzhaftere Aspekte abgewinnen. Sie verfassen es als Gedicht. Sie schreiben Briefe an den Verursacher des schlechten Gefühls, in dem sie das ihnen zugefügte Leid und den von ihnen empfundenen Schmerz haarklein beschreiben.

Natürlich tun Sie das alles nicht, weil Sie sich doppelt unglücklich machen, weil Sie noch ausführlicher leiden wollen. Sie tun es, weil Sie glauben, daß ein Gefühl gründlich verarbeitet werden muß. Daß Sie es studieren, analysieren, auskosten, breittreten, unter das Mikroskop legen, von allen Seiten beleuchten müssen, um es in den Griff zu kriegen. Als wissenschaftliche Methode ist dies höchst zweifelhaft, allein schon aus ethischer Perspektive. Wenn Sie Tierversuche ablehnen, sollten Sie auch von Menschenversuchen, noch dazu an Ihrem eigenen Gefühlshaushalt, Abstand nehmen.

»Auf unsere Gefühle hören« – dieser Leitsatz wird von Frauen generell mißverstanden. Er bedeutet, daß die Botschaft der Gefühle ernstgenommen werden soll. Er bedeutet nicht, daß man sich ein und dieselbe Gefühlsregung immer und immer wieder vorspielen muß wie eine alte zerkratzte Schallplatte, in seine Traurigkeit versinken muß, die verschiedenen Teile seines Unglücklichseins auffädeln und treu herunterbeten muß wie einen Rosenkranz.

Wenn Frauen sagen, daß sie auf ihre Gefühle hören, meinen sie in Wahrheit oft, daß sie auf ihre Phantasien hören. Auf unsere tatsächlichen Gefühle hören kann dagegen bedeuten, daß wir uns so rasch wie möglich aus der Situation, die dieses Gefühl hervorgerufen hat, entfernen sollten, damit wir dieses Gefühl nie mehr fühlen müssen. Weit davon entfernt, in ihnen zu verweilen, sie zu studieren und unsere Reaktion zu überprüfen, kann es bedeuten, sich sekundenschnell reflexartig zurückzuziehen von der Person, der Situation, an der wir uns verbrennen könnten. Manche Männer, manche Situationen tragen fast schon ein Plakat um den Hals mit der Aufschrift: »Finger weg!«

Sie fahren über eine Landstraße. Plötzlich sehen Sie ein Tier über die Fahrbahn laufen. Wenn Sie leicht bremsen, und das Tier weiterläuft, wird nichts passieren. Aber das Tier hat Sie gesehen und bleibt gebannt stehen. Paralysiert vor Schreck starrt es auf Ihr Auto. Es läuft ein Stück zurück, dann wieder nach vorne, so daß Sie nicht einmal sein Verhalten erraten und ihm ausweichen können. Warum benimmt das Tier sich mit solch selbstmörderischer Unvernunft? Weil es in Panik geraten ist und nicht klar denken kann. Weil es ein einfaches Lebewesen ist, mit den Gesetzen des Straßenverkehrs nicht vertraut.

Und Sie? Warum rennen Sie so oft in Ihr Unglück, gerade dann bewegungsunfähig, wenn Sie um Ihr Leben laufen sollten, oder gefangen in sinnlosen Vor- und Rückwärtsbewegungen, die Sie nirgendwo hinbringen? Angst, Panik und mangelnde Vertrautheit mit den Gesetzen der Straße werden auch vielen Frauen zum Verhängnis.

In einer früheren Karriere als angehender Rennfahrer machte der Wirtschaftspsychologe Anthony Robbins eine Spezialausbildung. Durch diesen Profi-Fahrkurs sollte man anspruchsvolle Techniken erlernen, um in einem ernsten Unfall seine Überlebenschancen zu steigern. Zu diesem Zweck wurden die Autos gezielt zum Schleudern gebracht, und die Teilnehmer mußten sich darin üben, ihr Gefährt wieder unter Kontrolle zu bekommen.

Die größte Lebensgefahr bei einem Crash besteht darin, daß das Rennauto gegen eine Mauer kracht. Und der sicherste Weg, um dieser Mauer auszuweichen – so erklärte es ihnen der Lehrer –, bestand darin, die Mauer zu ignorieren, sie aus ihrer Wahrnehmung auszublenden. Der Fahrer kracht gegen die Mauer, weil er die Mauer mehr fürchtet als alles andere. Er fürchtet sie, will ihr auf jeden Fall ausweichen, starrt gebannt auf sie, konzentriert sich auf sie, und prallt dagegen – das alles natürlich in Blitzsekundenschnelle. Statt dessen muß er lernen, seine ganze Konzentration auf eine Ausweichspur zu lenken. Sonst zieht ihn die Mauer, der er entkommen will, magisch an.

Zeichner von Comics lieben die Szene, in der zwei Autos ausgerechnet mitten in einer riesigen Wüste aufeinanderprallen. Der Lehrer des obengenannten Kurses hielt ein solches Szenario für theoretisch glaubwürdig. Auch statistisch unwahrscheinliche Unfälle passieren, gerade weil die Betroffenen sich auf eine vage Gefahr konzentrieren. Immer und immer wieder hatte er miterlebt, daß Fahrer ins Schleudern kommen, weil sie ein gefürchtetes Hindernis angstvoll fixierten und erst dadurch den Aufprall verursachten.

Auch aus anderen Bereichen kennen wir diese Beobachtung. Ich zum Beispiel erhielt vor einigen Jahren von meinem Sohn den Auftrag, aus Deutschland ein Fußballdreß, und zwar eine Torwartuniform, mitzubringen. Ich bekam eine Liste seiner Lieblingsmannschaften mit, darüber hinaus aber nur den Hinweis, ich möge »die Schönste« wählen. Der Verkäufer breitete das Sortiment vor mir aus. Manche Trikots waren grau oder schwarzweiß gestreift, doch einige waren sehr bunt, sogar ausgesprochen schrill. Das erschien mir leichtsinnig – war es nicht besser für den Torhüter, sich unauffällig, sozusagen in Tarnfarben zu bewegen, um für die Stürmer weniger sichtbar zu sein? Der Verkäufer klärte mich auf. »Knallfarben ziehen den Ball an«, erläuterte er. Natürlich will die Gegenmannschaft dem Torwart nicht den Ball zuspielen. Aber ganz unwillkürlich kicken sie ihre Bälle in die Richtung des Torwartes, weil die bunte Farbe ihren Blick fängt und der Fuß dem Blick folgt.

In ihren Beziehungen haben viele Frauen es sich zur verhängnisvollen Gewohnheit gemacht, ständig angstvoll auf den Torwart, auf die Mauer zu schauen. Ein bestimmter Ausgang, den sie ganz besonders fürchten, zieht magisch ihr ganzes Denken, ihre ganze Konzentration auf sich. Ihr Mann wird sie verlassen. Er wird sie betrügen. Eine Jüngere wird ihm besser gefallen.

Die Frau fixiert sich dermaßen auf diese Vorstellung, daß ihr Verhalten betroffen ist. Sie wirkt unsicher. Sie ist mißtrauisch und spioniert dem Mann nach. Sie suggeriert ihm ständig, daß junge, schöne Frauen scharenweise auf nichts anderes warten und hoffen, als von ihm verführt zu werden. Sie macht beharrlich Antipropaganda gegen sich selbst und ihre eigenen Interessen. Was als Appell um Beruhigung gedacht ist, wirkt als verdrehte Gehirnwäsche, indem der Mann ständig mit der Idee bearbeitet wird, daß er doch eigentlich untreu sein, sie verlassen, eine schönere und bessere Partnerin haben könnte. Das ist eine Strategie, die in ihrer Unlogik geradezu atemberaubend ist. Daß ausgerechnet Sie ihn auf diesen Gedanken bringen, ist dümmer als die Therapeutin erlaubt.

Kapitel 2
Weibliche Selbstunterschätzung

Es gibt Aspirin für Krämpfe und Tabletten für PMS, aber einem ganz besonders lästigen Frauenleiden ist mit Medikamenten nicht beizukommen: Selbstunterschätzung. Oft hapert es sogar bei der Diagnose. Wir halten es für liebenswürdige Bescheidenheit, für Entgegenkommen. In Wirklichkeit ist es Verblendung.

Putzt Eure angeschlagenen Spiegel, gute Frauen. Wir sind größer, schöner, klüger, beeindruckender, als wir glauben. Wer ist die Schönste im ganzen Land? (Wer hat die Mehrheit der Wählerstimmen? Wer bekommt tolle Schulabschlüsse und besetzt mehr als die Hälfte aller Studienplätze? Wer hat auf diesem Planeten mitzureden?) Wir üben, bitte alle gemeinsam: Ich, ich, ich.

Sie haben eine Freundin. Die ist schlank, hält sich aber für pummelig. Wenn sie an einem Spiegel vorbeigeht, erschaudert sie. Daß sie in Größe 36 hineinpaßt, überzeugt sie nicht. »Ich hab schon wieder zugenommen«, jammert sie, und Sie antworten liebevoll, »du spinnst«, weil diese Diskussion Ihnen schon auf die Nerven geht.

Sie sind mit dem Leiter des Elternvereins befreundet. Sie bewundern und beneiden ihn um seine Selbstsicherheit. Zu Beginn des Abends macht er locker die Runden und begrüßt alle Leute, dann setzt er sich selbstbewußt nach vorne und leitet die Diskussion. Es macht ihm gar nichts aus, vor so vielen Leuten zu sprechen, während Sie sich schon ein bißchen zittrig fühlen, wenn Sie eine kontroverse Frage stellen. »Du bist so selbstsicher, ich beneide dich«, sagen Sie. Er vertraut Ihnen an, daß er ganz im Gegenteil sehr schüchtern ist, sich jedesmal überwinden muß und das Gefühl hat, es ganz schlecht zu machen und bald abgewählt zu werden. Hierfür gibt es einen zwar etwas beschwerlichen, aber dennoch sehr nützlichen soziologischen Fachausdruck: kognitive Dissonanz. Wie unser Beispiel zeigt, können durchaus auch Männer darunter leiden, aber Frauen trifft es ganz besonders.

Vergessen Sie PMS, das wahre und bedenklichere Frauensymptom unserer Zeit ist die kognitive Dissonanz. Mit ein bißchen kreativer Freiheit wollen wir dieses Phänomen hier definieren als die Neigung, sich selber zu unterschätzen bei gleichzeitiger Überschätzung anderer, Situationen für sich selber ungünstig auszulegen und schlechte Ergebnisse vorwegzunehmen. Wobei die vielen Dünnen, die sich für dick, oder nicht minder die attraktiven Rundlichen, die sich für häßlich halten, uns noch weit weniger Kopfweh bereiten als die Starken, die sich als schwach sehen.

Zwei recht unterschiedliche, und doch miteinander zusammenhängende Eindrücke ließen in uns die Erkenntnis heranreifen, daß die kognitive Dissonanz in ihrer weiblichen Variante den dicksten Fallstrick im Leben von Frauen ausmacht. Die Forschungen für dieses vorliegende Buch brachten uns auf die Fährte. Zwar dreht sich das Buch um Frauen und deren Emotionshaushalt, aber wir interviewten dafür auch sehr viele Männer. Wir wollten erfahren, wie das typische Konfliktverhalten, der Stil, das Auftreten von Frauen auf ihren männlichen Gegenpart wirken, was Männer beobachten und ob sich die Einschätzungen von Männern und Frauen decken. Dazu erfuhren wir viel Interessantes, aber nebenbei fiel uns auch etwas anderes auf, ein häufiger und sehr deutlicher Widerspruch. Zwischen der Wahrnehmung des Mannes und der Selbsteinschätzung der Frau bestand oft ein großer, ein sehr großer Widerspruch. Und zwar sah das so aus, daß der Mann eine wesentlich höhere Meinung von der Frau hatte, als sie von sich selber. Sie beeindruckte, ohne das selber zu bemerken. Und zwar nicht durch ihr Aussehen – es war den Frauen meist bewußt, daß und ob sie einem Mann gefielen –, sondern durch ihr Gewicht als ernst zu nehmende Person.

Dieser Widerspruch kann in jeder Phase einer Beziehung auftreten. Besonders häufig zu Beginn. Da findet so mancher Mann diese neue Auserkorene so eindrucksvoll, so autark, daß er sich ein bißchen eingeschüchtert fühlt und sehr unsicher ist, ob so eine tolle Person sich überhaupt für ihn interessieren könne. Aber auch in späteren Phasen einer Beziehung kommt es zu solchen Divergenzen der Wahrnehmung. Es gibt Männer, die eine Frau zunächst nur oberflächlich als schön und lustig wahrnehmen, nach längerer Bekanntschaft aber ihre intellektuelle Tiefe bemerken und sich fragen, ob sie gut genug sind für diese gescheite Person. Es gibt Männer, die konventionell über Frauen denken und sie daher unterschätzen, oder die sich vom zurückhaltenden Auftreten ihrer Partnerin dazu verleiten lassen, sie zu unterschätzen, aber nach mehrjährigem Zusammenleben und etlichen gemeinsam überstandenen Krisen die wahre innere Kraft ihrer Partnerin erkennen und sich bewußt werden, wie sehr sie sich eigentlich mittlerweile auf viele ihrer Qualitäten und Kompetenzen verlassen.

Und in all diesen Fällen haben die jeweiligen Frauen ein ganz anderes, viel schlechteres Bild von sich selber und ihrem Status in der Beziehung, als es der männlichen Einschätzung und den objektiven Tatsachen entspricht. Schuld daran ist die kognitive Dissonanz oder, wenn Sie wollen, das massive Imageproblem der Frauen.

Daß Männer sie stark, autonom, sogar einschüchternd finden, und zwar nicht bloß im sexuellen Sinn, sondern als Personen, ist für die meisten Frauen ein fremder Gedanke. Das ist ein folgenschwerer Irrtum. Erstens untergraben sie oft den guten Eindruck, den andere von ihnen haben, indem sie ihnen ihren eigenen viel schlechteren Eindruck aufdrängen. Zweitens versetzen sie sich in eine schwache Verhandlungsposition. Sie glauben, in einer Auseinandersetzung kein Kapital und wenig Gewicht zu haben. Sie glauben, keine Bedingungen stellen und keine sachlichen Kompromisse erreichen zu können.

Aus einem fernen Winkel der Erde und einem ganz anderen sozialen Zusammenhang erreichte uns die zweite illuminierende Einsicht über weibliche Selbstunterschätzung. In Afghanistan hatte eine primitive Gruppe von ungebildeten Rohlingen – die sogenannte Taliban – den vorübergehenden Vorteil im endlosen Bürgerkrieg. Sofort verhängten sie eine Serie von absurden Einschränkungen gegen Frauen. Ein archaisches Kleidungsstück, das fast keine afghanische Frau der letzten zwei Generationen mehr getragen hatte, wurde von ihnen wieder ausgegraben und für obligat erklärt. Sogar im internationalen Schleiervergleich handelt es sich dabei um ein besonders behinderndes Kleidungsstück. In diesem Umhang ist die Frau von Kopf bis Fuß verhüllt, kann durch ein winziges

Gitter in Augenhöhe nur schlecht die Außenwelt sehen und hat keine Hand frei. Gleichzeitig wurden alle Mädchenschulen geschlossen und verboten. Krankenhäuser durften keine Frauen behandeln, nur ein paar kleine schwer erreichbare, schlecht ausgestattete Frauenkliniken, zum Teil ohne Strom und Wasser, standen ihnen im Notfall zur Verfügung. Selbst verschleiert sollten Frauen nur in männlicher Begleitung auf die Straße gehen. Sie durften keine Schuhe tragen, deren Absätze beim Gehen ein Geräusch machten, und keine weiße Socken – beides könnte Männer auf die Existenz einer Frau hinweisen und so auf lüsterne Gedanken bringen. Bei allen Häusern, in denen Frauen lebten, mußte die ebenerdigen Fenster schwarz überstrichen werden, damit kein vorübergehender Mann irrtümlich einen Blick auf eine Frau erhaschen könne. Eine EU-Kommission, die in Begleitung von CNN die medizinische Unterversorgung von Frauen recherchieren wollte, wurde kurzerhand von der Taliban unter Waffenandrohung festgenommen. Internationale Ärzte, die Frauen helfen wollten, wurden bedroht, es gab sogar Attentate. Die Situation war so extrem, daß internationale Hilfsorganisationen es schließlich untragbar fanden, mit diesen Irren zusammenzuarbeiten.

Aber in den USA warteten Ölfirmen schon lange auf eine Beruhigung der politischen Lage in Afghanistan, damit sie endlich eine bestimmte Pipeline errichten könnten. In der drakonischen Terrorherrschaft der Taliban sahen sie eine Chance für ein zwar sozial katastrophales, aber befriedetes Terrain. Abgesandte der Taliban wurden von den Firmen in die USA eingeladen, fürstlich bewirtet und umschmeichelt und über die vielen Vorteile informiert, die eine Pipeline auch für sie bedeuten würde.

Für internationale Frauengruppen bedeutete dieser Plan Alarmstufe Drei. Erstens war die Symbolik katastrophal: der hochindustrielle Westen verband sich, aus rein kommerziellem Interesse, mit der rückständigsten frauenverachtendsten Kraft auf dem Planeten. Zweitens bedeutete dieses Geschäft eine massive Stärkung der Taliban. Wenn die Pipeline stünde, hätte der Westen ein immenses Interesse an der politischen Stabilität Afghanistans. Egal unter welcher Regierung, solange es nur keine weiteren Kämpfe gab. Progressive demokratische Kräfte, die sich mit der Taliban anlegten, wären dann bloß noch ein geschäftshindernder Störfaktor.

Das State Department und die Ölfirmen sahen sich mit massiven Protesten konfrontiert. Es gab Demonstrationen, Beschwerdebriefe, Interventionen von Parlamentarierinnen, Expertisen von Entwicklungshilfeorganisationen, Berichte in den Medien. Mit jeder neuen Meldung über die absurden Edikte der Taliban schien es lächerlicher, daß eine moderne Supermacht sich damit verbünden sollte. Ansätze, die Taliban zu unterstützen, entwickelten sich rasch zu einem PR-Debakel. Die Ölfirmen, als kommerzielle Unternehmen sehr angreifbar durch den Druck der öffentlichen Meinung, zogen sich als erste zurück. Im State Department wurden die Abteilungen beauftragt, zwar weiterhin eine baldige Befriedung des Afghanistankonflikts anzustreben, sich dabei vielleicht aber doch lieber um Alternativen zur Taliban umzusehen.

In offiziellen Besprechungen und Sitzungen konnte man von Beamten des State Department hören, daß diese oder jene Idee »bei der Frauenlobby bestimmt nicht durchgehen wird« oder daß man lieber vor der Öffentlichmachung die »Stellungnahme der Feministinnen« einholen möge, um sich spätere Proteste zu sparen. Diese Sätze flossen den Beamten locker von den Lippen. Mißtrauisch beäugten wir ihre Mimik, hörten wir auf Unter- und Zwischentöne, aber es gab keine.

Wenn wir die Wahrnehmung der Situation durch die Polit-Macher einerseits und die Protestierenden andrerseits verglichen, dann tat sich ein großer Widerspruch auf. Die Bürokraten und die Geschäftsleute waren tatsächlich der Ansicht, daß sich eine grundsätzliche außenpolitische Entscheidung in dieser Frage gegen den vehementen Protest von Frauengruppen, Frauenlobby und sympathisierenden liberalen und entwicklungspolitischen Kreisen nicht würde durchziehen lassen. Indessen hatten die besten Frauengruppen das Gefühl, daß sie zwar moralisch verpflichtet waren zum Protest, daß sie alles in ihrer Macht Stehende unternehmen mußten, daß sie aber wenig Gewicht hätten und sowieso niemand auf sie hören würde. Sie unterschätzten ihren Einfluß massiv. Sie waren unheimlich aktiv, bekamen eine gute Presse, drückten sich kraftvoll aus, doch sie selbst hielten das alles für Bluff, hatten das Gefühl, nur zu bluffen. Die andere Seite nahm sie aber beim Wort und zog sich zurück.

Es ist sehr schlecht, sich zu unterschätzen.

Man verschenkt Chancen.

Man definiert Ziele zu bescheiden.

Man wählt die falschen Mittel.

Und irgendwann vermittelt sich die Unsicherheit, und auch das Gegenüber beginnt an der guten Meinung zu zweifeln, die sie ursprünglich von einem hatte.

Einer unserer Gesprächspartner denkt über seine Exfrau nach: »Sie hat sich fallenlassen. Nachträglich sehe ich, daß sie kein Lebenskonzept hatte. In der Situation wäre ich nie auf diese Einsicht gekommen. Sie war Ärztin, und als ich sie kennenlernte, war sie voll der Pläne. Sie wollte ein eigenes Labor aufmachen, sie war stark, klug, gebildet, stellte mehr dar als ich. Aber sie sah mich als ihr Sicherheitspolster und blieb nicht an ihren eigenen Sachen dran.«

Er macht sich den Vorwurf, sie in ihren ursprünglichen Plänen, ihrem ursprünglichen Wesen nicht genug gefestigt zu haben. Dann wären sie vielleicht noch zusammen. Weil sie ihn als ihr »Sicherheitspolster« sah, veränderte sich die Qualität der gesamten Beziehung zum Schlechteren. Sie begann, sich viel zu sehr auf ihn zu konzentrieren, witterte Gefahren für die Beziehung, wo es keine gab, wurde mißtrauisch und eifersüchtig. Diese Entwicklung hätte er ihr deutlich machen sollen, aber auch er hat sie nicht rechtzeitig gesehen.

»Als ich sie kennengelernt habe, war sie beeindruckend«, erinnert er sich. »Sie faszinierte mich einfach. Sie war eine super Ärztin, vertrat neue Methoden. Leute hörten auf sie. Sie traute sich was. Und ganz plötzlich war sie dann – in der Beziehung zu mir – sehr weiblich und ängstlich. Einfach anders, ich weiß nicht, wie ich das beschreiben soll. Am Anfang schüchterte sie mich fast ein bißchen ein, mit ihrer Logik. Aber irgendwann hat so ein Prozeß angefangen, bei dem sie nicht mehr ganz rational war.«

Daß es ein Kompliment ist, auf einen Mann beeindruckend, logisch, mutig und sogar ein bißchen einschüchternd zu wirken, ist für viele Frauen ein neuer und fremder Gedanke. Meist streben sie in ihren persönlichen Beziehungen das Gegenteil an. In ihren Augen ist nicht Stärke, sondern Schwäche intimitäts- und liebesfördernd. Sie wollen sich bis in ihre letzte privateste Schwäche und Ängstlichkeit hinein verstanden und erkannt fühlen. Beeindrucken wollen sie maximal am Arbeitsplatz, nicht zu Hause. Das ist ein gravierender Denkfehler.

Im Privatleben wie in der Außenpolitik können wir feststellen, daß das Denken gerade der gescheiten Frauen sehr oft hinter den gesellschaftlichen Veränderungen herhinkt. Ja, es gibt Männer, die sich ein herziges Mäuschen suchen und an einer Partnerin höchstens den Busenumfang beeindruckend finden wollen, doch was interessiert uns das? Geben tut es alles mögliche. Es gibt auch Leute, die Restaurants aufsuchen, in denen gegrillte Insekten serviert werden. Die Geschmacksverirrungen anderer Menschen sollten uns nicht ungebührlich belasten.

Frauen wollen einen beeindruckenden Partner. Daß jemand, mit dem man eine Liebesbeziehung eingeht, attraktiv und gepflegt sein sollte, versteht sich von selbst. Frauen wollen darüber hinaus aber auch einen Partner, der sich gut artikuliert, der von anderen Menschen ernstgenommen wird, der in der Welt bestehen kann, auf den sie sich verlassen können, der interessant ist, der eine Hilfe und Stütze darstellt. Sie fühlen sich geschmeichelt und aufgewertet, wenn ein kluger, guter, erfolgreicher Mensch sie als seine Gefährtin auserwählt. Viele Männer sehen es umgekehrt genauso. Was ist daran so erstaunlich?

Frauen sind die halbe Bevölkerung, in den meisten Ländern sogar ein bißchen mehr. In Politik und Öffentlichkeit haben sie einen respektablen Stand, mit dem Potential für wesentlich mehr. Sie haben mindestens die halben Wählerstimmen. Sie kaufen und lesen die Zeitungen und Zeitschriften, in denen sie maßgeblich als Journalistinnen und Redakteurinnen den Inhalt mitbestimmen. Sie machen Dokumentarfilme und vermitteln die Weltnachrichten. Sie verfügen als Konsumentinnen über sehr viel Geld, damit über Kaufentscheidungen, damit über das Schicksal der Hersteller. Daß Frauen eine gewaltige, mächtige Lobby sind, wissen die Männer schon längst, nur die Frauen wissen es noch nicht. Handeln nicht dementsprechend, denken nicht einmal daran. In ihren Köpfen sind sie eine kleine Minderheit, die manchmal Krawall schlagen oder an irgendeinen netten Politiker appellieren und so ein kleines Anliegen durchsetzen kann. In Wirklichkeit sind sie eine politische Kraft, die das noch nicht bemerkt hat. Daß eine außenpolitische und auch eine innenpolitische Entscheidung gegen den Widerstand der Frauen nicht durchzusetzen ist, ist dem State Department eher bewußt als den Frauen selbst.

Diese Dissonanz zwischen Selbstwahrnehmung und Fremdwahrnehmung, zwischen subjektiver und objektiver Wirklichkeit, ist als historischer Rückstand verständlich, aber bedauerlich. Sie als Einzelfrau verlieren an Lebensqualität und verschenken Chancen. Frauen kollektiv verlieren Dekaden, in denen wir die Welt schon ganz anders mitgestalten könnten.

Kapitel 3
Ich leide, also bin ich
oder Was Descartes nicht gesagt hat

Wenn ich es fühle, dann ist es echt. Je stärker ich es fühle, desto echter ist es – nach diesem Leitsatz handeln viele Frauen. Dabei verwechseln sie Fühlen mit Leiden und Leiden mit Handeln – und sie verwechseln gute Gefühle mit schlechten Gefühlen.

Die Kopf-Körper-Beziehung ist wechselseitig und faszinierend. Daß sich körperliches Unwohlsein oder Wohlbefinden auf unsere Gefühle auswirkt, ist ja nicht erstaunlich: Sonnenstrahlen an einem kalten Tag machen glücklich, aber die allerbeste Laune wird vor anhaltenden Zahnschmerzen kapitulieren. Erstaunlicher ist, daß es auch umgekehrt geht, daß intensive Emotionen deutliche körperliche Reaktionen hervorrufen können. Wenn wir glücklich sind, entspannt sich der Körper, Vorfreude und Aufregung schenken ein Gefühl der Wärme. Wer gekränkt wurde oder bekümmert ist, spürt echten Schmerz – Beklemmungen in Brust und Magen, einen zugeschnürten Hals, einen brummenden Kopf und mehr. »Ich liebe eine andere«, sagt er. Nur vier Worte, aber Ihr Atem stockt, es wird Ihnen schwindlig, und alles tut Ihnen weh. Aus einem Gedanken, einem Gefühl, einem gesprochenen Wort – aus etwas Immateriellem also – wird eine körperliche Realität, etwas Materielles. Gefühl wird Wirklichkeit – und darin liegt für Frauen die Wurzel einer verhängnisvollen Verwechslung.

In vielen Situationen, vornehmlich privater Natur, sehen Frauen einen Zusammenhang zwischen der Heftigkeit des Gefühls und der Echtheit einer Behauptung: Die Heftigkeit der Emotion ist ihr Wahrheitsbeweis. Eine Beziehung ist innig, weil sie mit viel Gefühl verbunden ist – egal welcher Art. Gute Gefühle sind vorzuziehen, aber schlechte Gefühle sind immer noch besser als gar keine Gefühle – denken Frauen. Tränenreiche Beteuerungen der Liebe sind gut, aber auch ein wütender Eifersuchtsanfall kann beweisen, daß man dieser anderen Person sehr viel bedeutet. Das häßliche alte russische Sprichwort, demzufolge man Ehefrauen hin und wieder verprügeln muß, weil sie sich sonst ungeliebt fühlen, hat hier seinen Ursprung. Ein dummer, primitiver Mensch kann durch Beobachtung des Frauenverhaltens tatsächlich zu dieser Schlußfolgerung kommen, weil Frauen Gefühlsturbulenzen für ein Zeichen der Lebendigkeit einer Beziehung nehmen. Solange es Szenen gibt, folgern sie, ist die Sache noch am Leben und, zweiter Trugschluß, solange sie ihren Partner noch in einen dramatischen Streit verwickeln können, haben sie eine gewisse Macht über ihn und haben Zugang zu seinem Innenleben.

Betrachten wir den Fall von Miranda. Auf seine Essenz reduziert sieht es so aus, daß Miranda die letzten sieben Jahre in einer demütigenden Ehe verbracht hat. Ihr Mann hat sie geschlagen und beschimpft. Diese Frau ist eine bekannte Schauspielerin, ihr Mann ein angesehener Kolumnist, aber die Szenen, die sie sich lieferten, glichen dem Stereotyp einer Familie aus schlechtem Milieu. Hören wir daher, wie Miranda sie darstellt.

Der Künstler hat ja das Privileg, sein Elend produktiv zu machen, das ist vielleicht mein Glück gewesen. Unsere Beziehung hat sehr leidenschaftlich und gefühlsstark begonnen, es war eine wirkliche Liebesbeziehung. Sicher gab es von Anfang an gewisse Zeichen, daß mir Nähe immer ein Anliegen war und ihm nicht, daß ich mich über die Sprache gefühlsmäßig verbinden wollte und er ein Verweigerer ist auf diesem Gebiet. Das war von Anfang an so, und mein permanentes Hinterherlaufen um Nähe hat zu Verbitterung geführt meinerseits, während es ihn aggressiv gemacht hat. Ich hab immer versucht an ihn heranzukommen, und er hat mich zur lächerlichen Figur degradiert, bis ich schließlich zum Klammeraffen wurde, der ihm auf die Nerven ging. Einmal hat er mich ausgesperrt, das fand ich so symbolisch. Ich stand im Garten und weinte, und er saß drinnen, eingesperrt. Oder ein anderes Mal, er wollte abreisen, vorher wollte ich noch etwas klargestellt haben, und er hat einfach so getan, als ob er mich nicht versteht. Als ob er mich akustisch nicht versteht. Er hat es mich wiederholen lassen, immer wieder. Damit hat er mich in eine Bring-Haltung versetzt. Schließlich hat er es »gehört«, doch dann war es zu spät, um darauf zu reagieren. Zeit zur Abreise, und er hat noch gemeint, es gehe ohnehin um nichts Dringendes, und gesagt: »Soll ich hier vielleicht Schlittschuhlaufen und Pirouetten drehen?« Also mit einem Wort, er hat wichtige Termine, und meine Sorgen sind nur Blödsinn. Und damit konnte er mich in einen Widerspruch stürzen, innerlich. Denn einerseits bin ich sehr selbständig, was den Beruf anbelangt. Auf der anderen Seite wurde ich zum Baby degradiert, was meine emotionale Abhängigkeit betraf. Das konnte er toll rüberbringen. Er konnte mir, einer belastend starken Frau, schon am frühen Morgen die Stärke abräumen. Beim ersten Augenaufschlag am Morgen hat er aus dem Fenster geschaut oder einfach ins Leere. Dann hab ich ihn angesehen und gewartet, daß irgendeine Anerkennung meiner Existenz erfolgt. Ich habe nicht mehr erwartet als ein kleines Signal, daß ich existiere. Genau das hat er verweigert und einfach durch mich hindurchgeschaut.

Ich habe ihn oft gefragt, warum er nie ›Guten Morgen‹ sagt. Die Frage schüttelte er ab mit einer Handbewegung, als ob es lächerlich und kleinlich wäre, auf bürgerlichen Umgangsformen zu insistieren. Ich halte mich nicht für spießbürgerlich. Aber wenn in der Früh schon durch dich hindurchgeschaut wird, was bist du denn? Er ging dann mit seiner Kaffeetasse weg, und man sah, daß es ihm gutging. Während ich den halben Tag gebraucht hab, um mich zu sammeln. Ich mußte erst verdauen, daß einer mich schon beim ersten Augenaufschlag zu einem Nichts erklärt. Ich fühlte mich wie in einem Eiswürfel, und trotzdem konnte ich mir nicht vorstellen, diesen Mann zu verlassen. Ich kann mir das nicht erklären.

Und es gab noch viel schlimmere Szenen. Letzten Sommer hat er mich verprügelt und mir die Haare ausgerissen und ein paar Sessel aus der Küche zertrümmert. Vom Geschirr will ich gar nicht reden. Dafür gab es keinen richtigen Auslöser, nur irgendeine Kleinigkeit. Irgendeine kleine Auseinandersetzung. Dann hat er ein paar Grappas getrunken, stank nach Alkohol und marschierte die Treppe rauf. Beim Raufgehen hat er irgend etwas hingeschmissen, sein Glas oder ein Buch. Ich hab das dann aufgehoben und es ihm nachgetragen und ihm auf sein Bett geschmissen. Er wortlos die ganze Zeit, und ich getobt und geschrien über sein Verhalten. Dann bin ich wieder runter in die Küche. Ich stand am Spülbecken, er kam ganz stumm in die Küche herein und hat angefangen, auf mich loszuprügeln, von hinten. Er hat mir den Kopf runtergebogen und die Haare ausgerissen und mich total verdroschen, und dann ist er wieder wortlos aus der Küche. Aber es kommt noch besser. Er ging hinauf, und dann kam er noch mal runter. Wortlos. Stumm. Kommt in die Küche. Nimmt mir die Brille ab. Legt die Brille weg und schlägt mich. Ich hatte überall blaue Flecken und konnte mich einen Tag nicht rühren. Ich hatte richtige Prellungen, und meine Kopfhaut hat gebrannt. Irgendwie erinnerte mich das an eine Szene im Film *Schindlers Liste*. Nimmt mir vorher noch die Brille ab. Fürsorglich. Um mich dann zu verprügeln. Man kann dann gar nicht mehr anknüpfen, nach so einer Geschichte. Ich überlegte nur noch, was aus mir werden soll und wie es weitergeht. Um überhaupt noch neben ihm schlafen zu können, nahm ich Schlaftabletten. Warum bin ich nicht geflüchtet? Mein Kopf war wie leergefegt.

Was mich fassungslos macht, ist dieser ständige Zickzackkurs in meinem Leben. Da gibt es Phasen, wo ich total in meinem Beruf stecke und mein Privatleben mich überhaupt nicht interessiert. Und wenn ich dann aber das Privatleben wieder zulasse, und mich damit auseinandersetze, dann versage ich irgendwie beruflich. Entweder ich bin so voll gefordert in der Arbeit, daß das Private auf einem Nebengleis fährt und im Grunde gar nicht da ist, oder ich fordere mich im Privatleben voll, dann hab ich keine Kraft für den Beruf. Da gibt es ja verschiedene Vorbilder, wie Flaubert oder Thomas Mann, die sozusagen über ihre Entsagung lebten und trotzdem sehr lebensnah und wahrhaftig über das menschliche Zusammensein berichten konnten, und dann gab es andere, wie Picasso, die ständig alles ausgelebt haben. Trotzdem hat sich Flaubert zwischendurch auch ins Leben gestürzt, er hat nicht nur beobachtet, allerdings weiß ich nicht, ob er in diesen Phasen auch arbeiten konnte. Vielleicht ist er zweigleisig gefahren, so wie ich.

Was Miranda hier mit Theorien über die Kreativität umschreibt und lyrisch faßt, ist im Grunde eine vollkommen verquere Beziehung. Miranda, Schauspielerin, braucht ein emotional reiches, gesättigtes Umfeld – oder glaubt zumindest, es zu brauchen. Aber sie heiratet einen Mann, der stadtbekannt ist für sein knurriges, wortkarges Wesen, aus dem kaum eine Gefühlsbekundung herauszulocken ist. Nicht alle Frauen sehen in seinem Auftreten übrigens eine Provokation. Frühere Freundinnen beschrieben ihn wiederholt als »knuddeligen Teddybär« und als gutmütig. Aber für Miranda, die Zuwendung will, ist er eine permanente Herausforderung und ein stetes Ärgernis. Daß sie ausgerechnet aus einem besonders schwierigen Mann einen zugewandten Partner machen will, hat sicherlich biographische Ursachen. Miranda selbst führt es auf ihren Vater zurück und auf das Beispiel der elterlichen Ehe. Doch das sind Prägungen, nicht Zwänge. Gerade die intelligente Miranda, die das Muster durchschaut, müßte in der Lage sein, es auch zu durchbrechen.

Es gibt Phasen des Friedens in Mirandas Leben, und zwar immer dann, wenn sie sich in ihre Schauspielkunst vertieft und nicht über ihr Privatleben grübelt. Miranda meint, daß sie in diesen Phasen »kein Privatleben hat« – sie hat aber sehr wohl eines, nur eben eines ohne dramatische Höhepunkte. Dann sitzt Klaus in seinem Arbeitszimmer und feilt an seinen Kommentaren, es kommen Freunde und Wochenendgäste, und alles ist normal. Für Miranda bedeutet diese Normalität, daß man sich nicht »auseinandersetzt«, daß die Beziehung nicht lebt. Wenn Streit und Chaos herrschen, bedeutet das für Miranda, daß die Beziehung »im Mittelpunkt steht«, und vermutlich sind die Ausbrüche von Klaus ein Beweis, daß es gelingen kann, seine kränkende Distanz und souveräne Erhabenheit zu durchbrechen.

Die gute Nachricht, Miranda betreffend: Sie hat Klaus verlassen und sehr bald einen anderen, unvergleichlich netteren Mann kennengelernt: »Endlich einen, der gefühlsbetont ist und das totale Kontrastprogramm zu Klaus.«

Die schlechte Nachricht, Miranda betreffend: Sie klammert sich an ihre Thomas Mann/Gustav Flaubert-Theorie und redet sich ein, daß sie nun nicht mehr mit vollem Einsatz arbeiten kann. »Die Außenwelt merkt es noch nicht, daß ich in meiner Verliebtheit total schlecht geworden bin. Ich finde nicht mehr in meine Rollen, ich habe keine Bühnenpräsenz. Zum Glück nimmt die Welt lange nicht wahr, daß du dich verändert hast, trotzdem ist es nur eine Frage der Zeit.«

Aus der Liebeskrise entkommen und endlich an der Seite eines zugewandten, gesprächigen, geduldigen Mannes, ist Miranda im Begriff, sich nun in eine Berufskrise hineinzureden. Sie ist froh und erleichtert, frei zu sein von ihrer Abhängigkeit von Klaus, und berauscht vom Glück ihrer jungen Liebe. Aber sie lebt in der Panik, nun als Künstlerin zu versagen: »Ich bin voll der Angst, ob ich das Aufgebaute jetzt in den Sand setze.« Privatleben bedeutet für Miranda Drama. Mit Klaus inszenierte sie ein schlechtes Drama und litt darunter. Mit ihrem neuen Mann wünscht sie sich eine »gute Dramatik«, aber was ist das überhaupt?

Manche Dinge sind ganz einfach, und wir gestalten sie völlig zu Unrecht zu tiefschichtiger Komplexität. Jemand liebt Sie? Dann kommt er Ihnen entgegen, wo das nur möglich ist, und vermeidet es, Ihnen Leid und Schmerz zuzufügen. Wenn er Ihnen ohne sehr guten Grund nicht entgegenkommt, sondern Ihnen weh tut, dann liebt er Sie nicht. Mit Künstlerpersönlichkeit und philosophischer Veranlagung, mit Kindheit und Schicksal etcetera etcetera hat das nichts zu tun. Es ist einfach, ganz einfach. Auch Ihre Reaktion ist, je einfacher, um so intelligenter. Etwas ist unangenehm? Weg damit. Jemand tut Ihnen weh? Packen Sie Ihren, oder noch besser seinen Koffer. »Bei Tieren führt Schmerz zu einer unmittelbaren körperlichen Reaktion. Aber im Menschen unterliegen Reaktionen dem Einfluß des Denkens«, merkt David Viscott[1] an, und er meint das keineswegs als Kompliment. Denn die unmittelbare Reaktion ist in den meisten Fällen die korrekte:

> »Schmerz dient der Schadensbegrenzung. Sie geben einen spontanen Schmerzenslaut von sich, und Ihr Gegenüber versteht dies als Signal, behutsamer zu sein. Der Zahnarzt hört zu bohren auf und verabreicht Ihnen eine betäubende Spritze, der stürmische Liebhaber ändert seine Taktik, die Masseurin langt sanfter zu. Ihre Mitteilung, daß Sie Schmerz empfinden, veranlaßt Ihr Gegenüber zu einem Rückzug. Der Schmerz ist eine deutliche Grenze, eine rote Flagge. Wenn Sie jemanden verletzten, läßt er Sie das wissen, und Sie entschuldigen sich und hören sofort auf.«

Und das gilt keineswegs nur für einen körperlichen Schmerz, sondern auch für verletzte Gefühle. Gegenüber dem Verursacher eines emotionalen Schmerzes ist Vorsicht angebracht. War es ein Mißverständnis, ein Irrtum, oder ist dieser Person gegenüber Vorsicht angebracht? Viscott vertritt hier eine sehr pragmatische, um nicht zu sagen leicht zynische Perspektive.

> »Schmerz hat mit Grenzen zu tun. Sie müssen klarstellen, wo Ihre Grenze ist, was Sie bereit sind hinzuneh-

1 David Viscott: *Emotional Resilience*, Crown Books, N.Y. 1996

men und was nicht. Das gilt insbesonders gegenüber einem intimen Lebenspartner, denn dieser Person gegenüber sind Sie besonders verletzbar.

Wenn Sie verletzt werden, müssen Sie sofort etwas unternehmen, nein sagen. Menschen sind selbstsüchtig. Es geht ihnen in erster Linie darum, den eigenen Willen durchzusetzen. Wenn Sie sich nicht widersetzen, werden Ihre Rechte und Ihre Gefühle permanent übergangen werden. Es ist ein verbreiteter Fehler, darauf zu hoffen, daß einem der andere nicht weh tun wird, ganz von selber und von sich aus, weil er einen liebt. Ob er Sie liebt oder nicht liebt, der andere denkt zuallererst an sich selbst: darauf können Sie sich verlassen.

Wenn Sie Ihren Schmerz mitteilen, sollte immer auch ein bißchen Zorn mitschwingen. Ihr Schmerz muß eine Klinge haben, sonst werden Sie nicht ernstgenommen. Ihr Ärger zeigt, daß es nicht ungefährlich ist, Ihnen weh zu tun.«

Die Empfehlungen in diesem Absatz stehen in deutlichem Kontrast zum typischen Vorgehen vieler Frauen. Wenn sie sich gekränkt oder verletzt fühlen, zeigen viele Frauen entweder gar keinen Ärger oder zuviel. Entweder sie verlegen sich auf die Märtyrerinnenrolle in der Erwartung, ihr Gegenüber mit der Tiefe ihres Schmerzes zu rühren und zu spontaner Fairneß zu inspirieren. Oder sie greifen sofort zum stärksten Geschoß. In beiden Fällen steckt Angst dahinter. Die Märtyrerin will einen Kampf vermeiden, weil sie sich dem Konflikt nicht gewachsen fühlt. Statt ihr Gegenüber zu konfrontieren, will sie lieber Mitleid und Schuldgefühle inspirieren. Die Kriegerin verrät mit ihrem zu extremen Angriff, daß sie sich unsicher fühlt. Ein guter Schütze zielt mit Bedacht und schießt einmal. Der Laie schießt wild in alle Richtungen, bis die Kammer leer ist. Außerdem verrät dieses Vorgehen Schwäche. Wer zu disproportional droht, muß zwar beachtet, aber nicht ernstgenommen werden. Man ist dieser Person nicht wirklich böse, weil man sich nicht wirklich bedroht fühlt.

Zu Beginn des Kapitels haben wir festgestellt, daß Frauen zwischen der Heftigkeit des Gefühls und der Echtheit eines Gefühls eine falsche Generalverbindung herstellen und jede Art von Vehemenz als Gütesiegel nehmen. Eine zweite Verwechslung findet zwischen Grenzverwischungen und Grenzverletzungen statt. Alle intimen Beziehungen bestehen zu einem bestimmten Anteil aus einer Grenzverwischung. Gegenüber unseren Familienangehörigen und sehr guten Freunden und Freundinnen dürfen wir Regeln und Grenzen mißachten. Was unter anderen Umständen einer anderen Person gegenüber als Beleidigung, Impertinenz, mitunter sogar als strafbare Handlung gelten würde, ist in einer sehr engen Beziehung nicht nur erlaubt, sondern ein Zeichen von Nähe. Wir kennen die Schwächen und Geheimnisse des anderen. Wir sagen, mitunter brutal, unsere ehrliche Meinung. Im Zorn oder im Liebestaumel entwischen uns peinliche Aussagen.

Normale, psychisch gesunde Menschen haben kein Problem damit, die unausgesprochenen zugrundeliegenden Regeln dieser Nähe intuitiv zu verstehen und einzuhalten. Durch tausendfache subtile oder klare Signale geben wir einander zu verstehen, wie weit wir gehen können, wie unser Verhalten ankommt, was gewünscht wird. Lacht die Freundin, wenn wir einen modischen Ausrutscher verspotten, oder haben wir sie gekränkt? Will der schüchterne 6jährige insgeheim dazu gezwungen werden, die Faschingsparty zu besuchen, oder möchte er in Ruhe gelassen werden? Hat der Partner heute wirklich keine Lust, oder kann man ihn verführen? Wenn wir sie gut genug kennen, ihre Reaktionen richtig interpretieren können und sie an unsere fundamentale Gutwilligkeit glauben, dann können wir die Grenzen unserer Nächststehenden verletzen, ihr Nein ignorieren, sie zu ihrem Glück zwingen: weil es hinter der »öffentlichen Grenze« noch eine zweite, persönliche Grenze gibt. Die ist hart und muß unter allen Umständen geachtet werden.

Die Wahrnehmung dieser Grenze ist interaktiv. Wir tappen uns vor, und der andere läßt uns wissen, ob unsere Anwesenheit gewünscht ist und unser Vorgehen geduldet wird, oder ob wir uns der Grenze nähern. Das klingt komplizierter als es ist. In Wirklichkeit tut sich nur ein Psychopath schwer damit, die echte Grenze zu erkennen. Als kleine Kinder wußten wir, daß man mit unserem gutmütigen Vater fast alles machen konnte. Man konnte auf ihm herumturnen, ihn kitzeln, mit im raufen, aber auf gar keinen Fall durfte man seine Haare krausen. Warum ausgerechnet das nicht? Einfach so – weil das seine persönliche selbstbestimmte Grenze war und man Grenzen dieser Art nicht erklären muß und nicht hinterfragen kann, sondern zu respektieren hat.

In ihrem bemerkenswerten Interview mit Barbara Walters gab Monica Lewinsky Auskunft über eine Szene zu Beginn ihrer Affäre mit dem Präsidenten, die zuvor schon Gegenstand von viel Tratsch und Heiterkeit gewesen war. Monica hatte, hieß es, bei ihrem allerersten Zusammentreffen mit Clinton das Gespräch auf das Thema »Unterwäsche« gebracht, ihm ihr Tanga-Höschen beschrieben und dann sogar ihre Kleidung soweit gelüftet, daß er das Dessous kurz betrachten konnte. Barbara Walters, und mit ihr an diesem Abend halb Amerika, wollte hören, ob das a.) wahr sein konnte und b.) was die junge Frau sich dabei wohl gedacht hatte. Kokett gab Monica zu, daß es sich, jawohl, genauso zugetragen hatte. Auch ihren genauen Beweggrund konnte sie angeben: »Ich wollte ihm signalisieren, daß ich bereit war zu spielen.« Eine junge Mitarbeiterin von sich aus zu verführen, wäre für den Präsidenten eindeutig zu riskant gewesen. Sie mußte ihm zu verstehen geben, daß seine Grenzüberschreitung auch von ihr gewünscht war, daß sie mitspielen würde.

Sexuelle Annäherungen sind mit Grenzüberschreitungen verbunden. Man setzt Handlungen, sagt Dinge, berührt Körperteile, wie es nur unter der Voraussetzung einer laufenden, meist wortlosen Herstellung von Konsens möglich ist. Auch das klingt schwieriger, als es ist. Meistens funktioniert diese ritualisierte Verständigung recht gut.

Es kann aber zu verhängnisvollen Verwechslungen kommen, wie ein Beispiel aus Naomi Wolfs Buch *Promiscuities* deutlich zeigt. Als junge Frau hat Naomi einen neuen Freund, der sich als Gewalttäter herausstellt. Im Zuge eines Streits schleudert er sie gegen eine Mauer und stößt sie zu Boden.

»›Ben!‹ Ich hockte auf dem Boden, zu schockiert, um zu weinen. ›Du hast mir weh getan.‹
Seine Wut löste sich sofort in nichts auf. Er war bekümmert, er war fertig. Er kniete neben mir nieder, legte den Arm um mich, streichelte mein Haar und mein Gesicht.

›Es tut mir leid, es tut mir ja so leid, daß ich dir weh getan habe. Laß mich sehen. Oh, Gott.‹ Er legte seinen
Kopf auf meine Brust und faßte mich eng um die Taille.
Das waren alles neue Gesten – zu intim für die Beziehung, die wir gehabt hatten, bevor er mich schlug.
Ich war schockiert, aber auch bewegt. Ben hatte sich
nie als bedürftig gezeigt, jetzt war er vollkommen
schwach. Wie intensiv, wie heftig war dieser Augenblick! Es fühlte sich so echt an, ich fühlte mich dicht
dran am glühenden Kern des Mysteriums zwischen den
Geschlechtern. Ich hatte keine richtige Verletzung.
Statt dessen empfand ich unseren Austausch als berauschend. Er bat mich um Verzeihung, und ich verzieh
ihm.
In dieser Weise gab ich Ben stillschweigend meine Ein-
willigung, dieses Spiel weiterzuspielen. Ich war gefangen in einer Spirale der Aufregung. Diese sensationel-
len emotionalen Extreme, Liebe und Sex und Gewalt,
entfernten mich meilenweit vom öden Alltag meiner
Existenz als Schülerin.«[2]

Der aufschlußreichste Satz in dieser Darstellung findet
sich relativ zu Beginn. Bevor es zum Gewaltvorfall
kommt, haben Naomi und der junge Mann eine neue,
noch oberflächliche, distanzierte Beziehung. Mit der Gewalt wird – scheinbar – schlagartig eine neue Stufe der Intimität erreicht. In reuiger Absicht, aber immerhin viel
ausführlicher als zuvor, nimmt sich der junge Mann nun
die Freiheit, Naomi zu berühren. Er bricht vor ihr nieder,
zeigt Schwäche und Gefühl. Bar der Regeln und Höflich-

2 Naomi Wolf, *Promiscuities*, Fawcett Books, N.Y. 1998 S. 90 ff.

keiten und Konventionen, die noch vor wenigen Minuten ihre Interaktion bestimmten, stehen sie sich jetzt in scheinbarer Authentizität und Intensität gegenüber. Da ist mehr Drama und mehr Leidenschaft, als die junge Naomi es bisher in ihrer Beziehung zu Männern gewöhnt ist. In Wirklichkeit war das, was sie erlebt hat, ein vollkommen unstatthafter Übergriff, aber Naomi nimmt es für Intimität.

So ging es noch eine Weile weiter. Ihr Freund schlug sie noch öfter, Vergehen, die er »kompensierte«, indem er sich auch selber weh tat. Er schlug mit der Faust gegen Wände, verlor die Beherrschung, drehte durch, litt. Naomi verglich die Reaktion ihrer Freundinnen mit der Reaktion einiger männlicher Kommilitonen. Die Freundinnen rieten ihr zwar zur Vorsicht, waren aber gleichzeitig hingerissen von dieser aufregenden Beziehung. Die Männer meinten: »Ben ist ein Irrer, und du solltest dir das nicht gefallen lassen.« Sie fanden den jähzornigen Ben verrückt. Die Mädchen sahen in ihm eine verstörte, romantische Figur.

Interessant ist schließlich noch die Methode, mit der Naomi sich schließlich aus dieser Beziehung löste, nämlich indirekt. Als die Beziehung ihr schließlich angst machte, aber sie nicht den Entschluß aufbringen konnte, sich zu trennen, erzählte sie zu Hause, daß Ben sie schlug. Sie wußte genau, daß ihre Eltern sie dann zwingen würden, diese Beziehung aufzugeben.

Diese Vorgehen – wir können es als *indirektes Handeln* beschreiben – wird von Frauen gerne angewandt. Historisch ist das nachvollziehbar: All die Jahrhunderte, in denen eine Frau nicht selber öffentlich auftreten und unabhängig handeln konnte, stecken uns in den Knochen. Heute ist dieses Verhalten nicht mehr angebracht. Die Therapeutin Ruth Werdigier[3] aus Wien arbeitet hart daran, ihren Klientinnen das klarzumachen: »Viele Frauen nehmen eher an, daß sie den Partner verändern können als sich selbst. Die Frau nimmt sich damit nicht für wichtig, sie sieht ihn als den Wichtigeren an. Frauen müssen lernen, selber zu handeln, womit verbunden ist, daß sie lernen müssen, sich den Konsequenzen einer Handlung zu stellen.« Diese Frauen gehen sozusagen in Deckung, oder zeitgemäßer in Computerbegriffen können wir sagen, sie agieren virtuell. Der Mann ist die Spielfigur auf dem Bildschirm, den sie lieber per Mausklick fernsteuern wollen, als sich selber ins Getümmel zu schmeißen.

»Diese Frauen«, beobachtet Werdigier, »wollen nicht selbst mit Konsequenzen zu tun haben, sondern sie wollen, daß der Mann sich oder die Situation ändert. Der Mann soll sich verändern, aber sie selber nicht. Viele Frauen verfolgen diese Idee, lieber ein anderes Leben zu steuern als ihr eigenes.« Da gab es z. B. ihre Klientin Minette: »Sie hatte sich in einen Mann verliebt, der noch mit einer Frau liiert war. Sie setzte alle Hebel in Bewegung, um ihn von der anderen Frau loszulösen. Dann ist sie bei ihm eingezogen und hat begonnen, ihn zu manipulieren. Sie wollte Mitbesitzerin des Hauses werden, sie wollte geheiratet werden. Sie wollte, daß er sie aushält, damit sie nicht mehr arbeiten gehen mußte. Sie entwickelte den Plan, schwanger zu werden, damit sie nicht mehr berufstätig sein muß. Der Mann wollte das alles nicht, wollte

3 Die Zitate entstammen einem persönlichen Gespräch mit den Autorinnen.

nicht heiraten, wollte noch keine Kinder. Sie bohrte und nagte ununterbrochen. Der Mann, der nicht sehr stark auf den Beinen war, hat zunächst alles mitgemacht. Doch irgendwann wollte er nicht mehr, und hat sie vor die Tür gesetzt. Sie verfiel in eine tiefe Depression, und in diesem Zustand kam sie zu mir. Sie erkannte nicht, daß sie selber die Autorin dieser Situation war. Es hat lange gedauert, bis sie ihren Anteil an der Geschichte angenommen hat.«

Diese junge Frau sah sich als passiv, war aber in Wahrheit in dieser Geschichte die Haupthandelnde gewesen, nur leider an falscher Front. Sie hatte viele Tugenden gezeigt, die sie bei jedem anderen Projekt nutzreich hätte einbringen können: Sie war ausdauernd und zielgerichtet vorgegangen und hatte sich von Hindernissen wie zum Beispiel der Tatsache, daß der von ihr gewählte Mann bereits mit einer anderen Frau zusammen war oder daß er sie nicht heiraten und mit ihr keine Kinder haben wollte, nicht beeinträchtigen lassen. Wenn wir den Aufwand und die Kraft vergleichen, die viele Frauen in ihr Privatprojekt gegenüber ihrem Berufsleben investieren, entdecken wir ein ähnliches Ungleichgewicht. Frauen tun das, weil es ihnen leichter vorkommt, eine einzige Person zu bearbeiten, mit der sie eine intime Beziehung haben, als eine Firma, einen Vorstand, eine Abteilung etc. Es kommt ihnen weniger sachlich, emotionaler, daher vertrauter und leichter vor. Das ist gleichzeitig logisch und verquer. Sicherlich erscheint es weniger beängstigend, sich gegen einen Geliebten, einen Lebensgefährten oder einen Ehemann durchzusetzen als gegen einen Fremden, einen Vorgesetzten, ein Komitee. Umgekehrt aber hat eine sachliche Situation, in der niemand sich in seiner persönlichen Substanz betroffen fühlt, auch etwas Beruhigendes, während eine emotionale Situation auch etwas Gefährliches hat. Die Privatsphäre ist nicht wirklich sicherer als die Öffentlichkeit. Sie ist den Frauen nur vertrauter. Und die Affinität der Frauen zur emotionalen Abhandlung eines Problems ist in sehr vielen Fällen ganz bestimmt nicht angebracht.

Kapitel 4
Gefühle ins Fitneßzentrum

Wenn es um unser Aussehen geht, dann wissen wir, wie wir sein möchten: rank, schlank und durchtrainiert. Auch unserem Innenleben kann es gut bekommen, schlaff gegen stark und schwabbelig gegen fit einzutauschen.

Wenn wir schon den Fitneßvergleich strapazieren wollen, dann denken wir doch zur Einstimmung schnell mal an Nike. Ja, an Nike, die weite Teile des Planeten unter die Herrschaft von Kaiser Michael Jordan gebracht hat, die schwungvolle Wellenfahne gehißt und ihre Bürger zum Weiter-Joggen, Höher-Springen, Schneller-Laufen animiert. Und wie lautet das Motto? *Just Do It*. Merke, das Motto lautet nicht: *Just Feel It*. Die Euphorie kommt davon, daß man Faulheit, Lethargie, Schüchternheit, Angst, Muskelkater überwindet und sich in Bewegung setzt. Die Gefühle, die einen davon abhalten könnten, drückt man weg. Danach läßt man wieder Gefühl zu, und man fühlt sich müde, siegreich, zufrieden.

Und noch etwas anderes können wir vom Sport in unser restliches Leben mitnehmen. Der Sport erfordert Vorbereitung. Wenn Sie einen Marathon laufen wollen, trainieren Sie vorher. Bevor die Skisaison beginnt, machen Sie Ihre Dehnungsübungen. Und wenn Sie ein Baby erwarten, gehen Sie in den Geburtsvorbereitungskurs. Wenn eine anstrengende Aufgabe bevorsteht, empfiehlt es sich, körperlich und seelisch fit zu sein für die kommende Belastung. Sonst erzielen Sie beim Marathon keine gute Zeit oder schaffen die Strecke erst gar nicht. Sonst riskieren Sie am Skihang eine Verletzung. Sonst fehlen Ihnen die Atemtechnik und die Kondition für ein optimales Geburtserleben.

Zu den zehrendsten Momenten im Leben gehören die emotionalen Auseinandersetzungen, die wir mit Lebenspartnern und Familienangehörigen haben. Bei diesen Szenen geht es oft um viel, um sehr viel: Um die Frage, ob man zusammenbleibt oder sich trennt, die Familie auflöst oder einen neuen gemeinsamen Weg findet. Es geht an die Substanz: Ob man geliebt wird, ob man belogen und betrogen wurde, ob man ab morgen alleine ist und das Leben alleine meistern muß. Subtile Aufgaben stehen an: Man muß die Wahrheit erkennen aus einem Wust von Täuschungen und Rechtfertigungen, man muß den anderen überzeugen oder beruhigen, man muß Lösungen und Kompromisse finden, die gravierende Konsequenzen haben werden für die weitere Lebensgestaltung. Im Zuge eines solchen Streits können Dinge gesagt, Drohungen ausgesprochen, Versprechungen und Schwüre geäußert, Geheimnisse verraten werden, die sich nicht so leicht rückgängig machen. Kurz, es ist eine hochsensible, risikoreiche Situation mit ernsten Folgen. Eigentlich empfiehlt es sich in guter Verfassung, aufgewärmt, durchtrainiert, ausgeglichen und zielgerichtet in eine Szene hineinzugehen.

Dies um so mehr als eine »Szene«, wie die meisten von uns wissen, ein physikalisches Ereignis der besonderen Art ist. Eine Szene beginnen heißt, vom Trapez zu springen, ohne genau zu wissen, wie es weitergeht. Ob die

Hände des Partners einen auffangen werden, ob ein Netz gespannt ist, ob man sich auf der gegenüberliegenden Seite irgendwo wird anklammern können. Wie beim Skifahren verläßt man den ebenen Boden mit seinen bekannten Gesetzmäßigkeiten und wirft sich kopfüber den Steilhang hinab. Plötzliche Hubbel werfen dich aus der Bahn, unsichtbare Eisfelder bringen dich ins Schleudern, wilde Pistenrowdies und torkelnde Snowboard-Anfänger sausen dir plötzlich vor die Bretter. Und trotzdem mußt du bei höchster Geschwindigkeit dein Gleichgewicht behalten und, wenn es geht, auch noch gute Form und Eleganz zeigen.

Diese Rasanz, dieser Sturzflugcharakter von Szenen macht einen Teil ihres Reizes aus und erklärt, warum sogar schreckliche Szenen etwas Berauschendes haben. Die Chemie des Körpers verändert sich schlagartig, ein Cocktail aus Adrenalin und Endomorphinen jagt durch die Venen. Im Grunde ist es ein Hochseilakt mit großer Sturz- und Verletzungsgefahr. Und es empfiehlt sich, darauf gut vorbereitet und in exzellenter Verfassung zu sein. Es ist ratsam, sich nicht gleich auf der schwarzen Piste zu versuchen.

Frauen, sonst oft zu bescheiden und geneigt, ihre Talente hinunterzuspielen, werden beim Thema der Gefühle selbstgefällig. »Wir sind gut«, lautet ihr Motto. In der gewissen Zuversicht, den Männern hier endlich einmal und zwar haushoch überlegen zu sein, stürzen Frauen den Hang hinunter und überlegen gar nicht, ob sie sich mit der schwarzen Piste nicht vielleicht doch übernommen haben.

Mag sein, daß Frauen in der Welt der Gefühle eher zu Hause sind als Männer. Daß ihre Erziehung ihnen die

Ehrfurcht und die Angst vor Gefühlen genommen hat, während Männer eher gelernt haben, sie zu meiden und zu verdrängen und daher nervös reagieren, wenn eine Frau sich vor ihren Augen vom Emotionsseil wirft und sie auffordert, auch zu springen. Aber Talent genügt bei weitem nicht, auch nicht bei den Emotionen. Wie eine faule Schülerin, die sich alleine auf ihre Intelligenz verläßt, können Frauen damit ganz schön baden gehen. Wer gepaukt hat, schneidet besser ab als die Begabte, die nicht deklinieren kann, keine Vokabeln gelernt hat und unausgeschlafen und unvorbereitet zur Prüfung antritt.

Mit Gefühlen umgehen zu lernen fängt damit an, daß man die eigene Verfassung wahrnimmt, Situationen einschätzt und die eigenen Grenzen kennt. Das beginnt schon mit dem Timing. Eine spontane Vorgangsweise hat oft nur den Effekt, einem die Nachtruhe zu verderben und anschließend für ein böses Erwachen zu sorgen. Die gängige weibliche Lehrmeinung, derzufolge Probleme »sofort« abgehandelt werden müssen, halten wir für falsch. Beziehungskonflikte, besagt diese Lehrmeinung, dulden keinen Aufschub. Warum eigentlich nicht? In fast allen anderen Konflikten ist es gut, Zeit zu gewinnen. Man kann sich sammeln. Man kann verschiedene Reaktionen überlegen. Man kann nachdenken, Informationen einholen, Sicherheit gewinnen. Man kann sich nach Verbündeten und Alternativen umschauen. Man kann planen.

Wenn man hingegen spontan in einen Konflikt hineingeht, steht man meist deutlich schlechter da. Man erhebt Vorwürfe, ohne die Fakten gecheckt zu haben, ohne Beweismaterial. Man stellt seinem Gegenüber ein Ultimatum, ohne überlegt zu haben, ob man die Drohung überhaupt wahrmachen kann. Sehr selten ist eine Affekthandlung klug. In Wirklichkeit wollen die meisten Frauen einen Konflikt nur deshalb »spontan« und »sofort« abhandeln, weil es ihnen so schwerfällt, mit einer Ungewißheit zu leben. Nicht eine Minute, nicht eine Sekunde länger glauben sie ertragen zu können, was ihr Partner gesagt/nicht gesagt, getan/nicht getan, geplant/gedacht hat.

Was für Armeen gilt, gilt genauso für einzelne Streitpartner: Den Vorteil hat, wer Ort und Zeit der Schlacht bestimmt. Es müßte schon ein sehr großer Zufall sein, daß »jetzt gleich« den idealen Zeitpunkt darstellt. Aber Frauen klammern sich an den Lehrsatz der sofortigen Abhandlung, und er wird ihnen nicht selten zum Verhängnis. »Jetzt gleich« bedeutet in der Technik des Zusammenlebens meist die Abendstunde. Zu dieser Tageszeit sind Menschen müde und emotional labiler als sonst – das ist ein psychologisches Faktum, das Demagogen wie Hitler sich zunutze machten, wenn sie ihre Ansprachen bewußt auf die Abend- und Nachtstunden verlegten. Zu dieser Tageszeit reagieren Menschen heftiger, empfindlicher. Wer ohnehin schon ein ausgeprägteres Innenleben, eine größere Sensibilität hat und eine Prädisposition zur Emotionalität – und das trifft auf viele Frauen zu –, ist am Abend besonders aufwühlbar. Gerade deshalb kann es fast »natürlich« erscheinen, einen Beziehungsstreit am späten Abend auszufechten. Es ist die Tageszeit der Emotionen, daher vorbestimmt für Szenen, dramatische Auftritte und Streit. Außerdem steht das gemeinsame Zubettgehen bevor. Das verlangt erstens eine Grundsatzentscheidung (bin ich unter den Umständen überhaupt gewillt, mit dieser Person ein Bett zu teilen?). Und zweitens ist das Bett mit seiner gesamten Symbolik ein Bühnenrequisit mit reichhaltigem Potential für Bestrafungs-, Verbannungs- und Versöhnungsakte.

Zugegeben, aus rein dramaturgischer Sicht ist das reizvoll, und gäbe es eine Oscar-Verleihung in der Kategorie des erototragödischen Auftrittes, viele von uns wären Preisträgerinnen. Aber ziehen wir Bilanz. Geht es uns besser, wenn wir einen aufkeimenden Streit abends und in den Nachtstunden durchziehen? Sind die Entscheidungen, die unter diesen Umständen getroffen wurden, klug und haltbar? Entstehen fruchtbare Kompromisse? Erreichen wir unsere Ziele? Unsere Interviewpartnerin Dora überlegt:

Bei ehrlicher Bilanz sah es unter dem Strich für mich nicht glorios aus. Erstens schnitt ich meist deutlich schlechter ab als mein männliches Kontra. Eigentlich hätte es umgekehrt sein müssen, denn schließlich kämpften wir nach »meinen« Vorgaben – von ihm konnte man eigentlich nicht behaupten, daß er den unwiderstehlichen Drang verspürte, hier und jetzt und sofort unsere Beziehungsfragen zu »klären«. Wenn es nach ihm ginge, hätte man die Diskussion gerne auf irgendwann vertagen (lieber noch auf »nie«, in der Hoffnung, daß es sich magisch von selber erledigt) und sich statt dessen den entfernteren und somit entspannenderen Problemen der Spätnachrichten hingeben können. Wenn ich mich aber durchsetzte und darauf bestand, »das jetzt auszudiskutieren«, hätte ich logischerweise den Heimvorteil haben müssen. Statt dessen hatte ich, wie mir schien, am Ende fast immer mehr Federn gelassen als er.

Der typische Verlauf war so, daß ich ihn zwar gründlich aufwühlen, ihm den Abend verderben, seine Selbstbeherrschung zertrümmern und seine provozierende Gelassenheit aufkratzen konnte. Aber bei mir sah die Verwüstung fast noch ärger aus. Eine zufriedenstellende Lösung entstand zu dieser Tageszeit fast nie. Wir sagten uns unfreundliche Dinge, die sich steigerten zu bösen Dingen und manchmal bis zu fast schon unverzeihlichen Dingen, dann erschraken wir und fanden irgendeinen vorübergehenden Waffenstillstand, der es uns ermöglichte, die nächsten acht Stunden, bis zum Morgenlicht, in irgendeiner Art von Gemeinsamkeit hinter uns zu bringen, wenn auch oft unter strikter wütender Aufhebung der sonst üblichen Schlafarrangements. Wenn die Irrsinns-Spirale hoch genug ging, konnte ich mitunter eine phantastische Blankoversprechung aus ihm herausholen. Die war dann meist so unrealistisch, daß sogar ich, sobald der Vormittag mich wieder in einen halbwegs vernünftigen Menschen verwandelt hatte, ihn davon entband.

Bis der Endpunkt erreicht war, war es Mitternacht, oder eins, oder zwei. Erich ging oder stampfte ins Schlafzimmer und entschlummerte, scheinbar sogar unverdient leicht und friedlich, was mich natürlich noch mehr zur Weißglut trieb. Ich aber warf mich noch unruhig von einer Wohnungsecke in die andere, trank zuviel Wein, schrieb Briefe und Tagebucheintragungen und schlechte Gedichte und schmiedete irgendwelche dummen Pläne.

Irgendwann faßte ich einen Entschluß, der meine persönliche Lebensqualität dramatisch erhöht hat. Ich beschloß, nach 21 Uhr keinen Steit mehr zu haben. Nein, nach 21 Uhr kann man mit mir nicht mehr streiten, da ist Streitschluß. Die Waffen nieder! Nach 21 Uhr ist mein emotionaler Feierabend. Wer danach noch eine Diskussion mit mir haben will, die mich emotional beanspruchen könnte, muß sich bis zum nächsten Tag gedulden.

Für Evelyn wiederum hat jeder Monat drei Tage, an denen es keinen Sinn hat, über die Zukunft nachzudenken. An diesen drei Tagen, das weiß sie mittlerweile aus Erfahrung, ist alles trüb und hoffnungslos. »Ich wünsche mir nur, daß mir diese Erleuchtung früher gekommen wäre«, lacht sie. »Es war ja nicht sehr schwer, sich das zusammenzureimen, schließlich wissen wir alle, was PMS ist. Und trotzdem ging ich mir selber in schönem Abstand in die Falle. Heute weiß ich: Wenn das Östrogen nicht stimmt, meide ich die Grundsatzfragen. Das Gemeine ist, daß die Hormonschwankungen mich zum Philosophieren oder sagen wir besser zum Grübeln brachten. Hatte ich den richtigen Beruf gewählt? Warum hatte ich keinen größeren Freundeskreis? Sollte ich nicht überhaupt auswandern und ein neues Leben beginnen? In dieser Stimmung schien mir alles hoffnungslos, mein Leben ein verfahrener Karren. Ein paar Tage später setzte die Regel ein, und plötzlich sahen die Dinge gar nicht mehr so finster aus. Aber ich mußte sehr mit mir kämpfen, um diesen Grübeltagen zu entkommen. Der Drang, gerade dann über alles nachzudenken und in meiner Trübsal herumzuwühlen, war fast unwiderstehlich. Es erschien mir feig, diesen Gedanken nicht nachzugehen. Doch dann erkannte ich, wie absurd das ist. Das waren ja keine dringenden Fragen, die eine terminisierte Entscheidung verlangten. Wenn ich mein Leben wirklich von Grund auf verändern sollte, konnte das ja wohl 72 Stunden warten. Und wenn ich mir dann nach 72 Stunden erneut und kritisch mein Leben ansah, dann schaute alles gar nicht mehr so tragisch aus.«

Ein Streit, eine Problemerörterung, sogar das stille Nachdenken über Sorgen, das sind Dinge, die einen emotional beanspruchen. Bilanz zu ziehen über den bisherigen Lebensweg oder über eine Beziehung, Kompromisse zu suchen, Lösungen zu überlegen, das sind diffizile Aufgaben. Es ist nur logisch, daß man dafür in Stimmung und möglichst guter Verfassung sein sollte. Wann Sie das sind und wann Sie das nicht sind, müssen Sie selber wissen oder herausfinden. Es kann mit einer Tageszeit zusammenhängen. Hormone können eine Rolle spielen, und es mag durchaus in jedem Monat ein paar Tage geben, die Sie besser zur kummer- und szenenfreien Zone erklären. Vielleicht neigen Sie zu Migräneattacken, Rückenschmerzen oder wetterbedingten Schwankungen Ihrer Stimmung. Das alles sind gute Gründe, um eine diffizile persönliche Auseinandersetzung zwar nicht zu verdrängen, aber doch zu vertagen.

Und apropos verdrängen: Verdrängung hat in unserem freudianischen Zeitalter einen schlechten Ruf bekommen, unverdienterweise. Verdrängung ist an sich noch keine neurotische Störung, kein Zeichen von Schwäche oder Ängstlichkeit, sondern bloß eine Strategie, die Menschen entwickelt haben, um mit Problemen umzugehen. Sie hat ihren legitimen Platz im Arsenal der möglichen Reaktionsweisen. Sie ist nicht immer angebracht, aber sie ist auch nicht immer falsch. Aus der Medizin ist dies bekannt und mit Studien belegt, und diese Fälle sind sehr aufschlußreich. Der Arzt Larry Dossey schreibt:

»Es gibt Situationen, in denen Verdrängung die effektivste Reaktion darstellt. Eine solche Situation ist der akute Herzanfall. Ich meine nicht den Vorlauf zum Herzanfall – da kann Verdrängung tödlich enden, weil sie die Betroffenen daran hindert, rechtzeitig zu reagieren und medizinische Hilfe einzuholen. Verdrängung ist für ungefähr 60 % aller Herzinfarkttodesfälle verantwortlich. Nachdem sich der Herzanfall aber ereignet hat und der Patient im Krankenhaus ist, entwickelt die Verdrängung ihre positive Seite. Diese Haltung ist irrational und unlogisch. Der Arzt steht vor einem solchen Patienten und sagt ›Herr J., Sie haben einen Herzanfall erlitten. Ihre Symptome und das EKG sind eindeutig, Ihre Blutwerte ebenfalls.‹ Der Mann hört sich das alles an und sagt dann: ›Vielen Dank, Herr Doktor, aber das sind nur Magenschmerzen. Ich bin zu jung für einen Herzinfarkt, in meiner Familie hat keiner so früh einen Infarkt. Außerdem muß ich hier schleunigst wieder raus, ich hab viel zu tun.‹ Obwohl diese Reaktion irrational ist, zeigen Studien, daß Menschen mit dieser Haltung eine viel bessere Überlebenschance haben als Menschen, die den medizinischen Tatsachen offen und ehrlich ins Auge blicken. Von allen ›coping‹-Mechanismen, die studiert wurden, war Verdrängung die effektivste, mit der höchsten Erfolgsrate nach einem myokardialen Infarkt.«

Was ist der Beitrag von Verdrängung in einer solchen Situation?

»Die Forscher vermuten, daß es die Angst und Anspannung des Patienten mindert, wenn er davon überzeugt war, daß er gar keinen richtigen Herzinfarkt hatte. Das wiederum läßt den Adrenalinspiegel sinken, der Herzschlag verlangsamt sich, und lebensbedrohende arhythmische Herzschläge nehmen ab. Das Unterbewußte bedient sich der Verdrängung, um körperliche Reaktionen in Gang zu setzen, die für das Überleben wichtig sind.«

Und das trifft nicht nur auf akute Notsituationen wie einen Infarkt zu. Die Forscher waren selber überrascht als sich herausstellte, daß Verdrängung für manche Krebspatienten genauso erfolgreich wirkt wie für andere eine Selbsthilfegruppe und eine energische, kreative Auseinandersetzung mit ihrer Krankheit. Die beiden Zugangsweisen hielten sich die Waage, und es war vermutlich eine Frage der persönlichen Präferenz, welchen Weg man besser einschlug.

Eine Studie über Brustkrebs ergab, daß »jene Frauen, die sich gegen die Diagnose mit sturer Verleugnung wehrten, eine ebenso hohe Überlebensstatistik vorwiesen wie die Frauen, die ihre Krankheit ehrlich und offen konfrontierten«[1].

Die Forscher, die diese Studien durchführten, machten noch eine andere interessante Erfahrung: Ihr Ergebnis war unbeliebt. Wir bewundern Leute, die ihr Schicksal mit Mut und Offenheit meistern. Daß es manchmal gut sein kann, eine Vogel-Strauß-Politik zu betreiben, Tatsachen zu leugnen und vor seinen Problemen davonzulaufen, paßt nicht in das gängige Weltbild.

Verdrängung ist sinnvoll, wenn die Person keine unmittelbare Möglichkeit hat, aktiv gegen ihr Problem etwas zu unternehmen. Wenn ein späterer Zeitpunkt für ein solches Handeln geeigneter ist, dann kann es vernünftig sein, Kräfte zu sammeln und sich zu stärken. Wer grübelt, verzweifelt, sich sorgt, kommt nicht zu Kräften.

Verdrängung ist nicht immer passiv. Menschen, die z. B. eine körperliche Behinderung haben, müssen sich oftmals entmutigende Urteile anhören. Sie setzen sich ein Ziel vor Augen, und die Umwelt teilt ihnen mit, daß sie

1 Larry Dossey, *Healing Words*, Harper, San Francisco 1997, S. 61–62. Siehe auch Shelley Taylor, *Positive Illusions, Creative Self-Deception and the Healthy Mind*, Alfred Knopf, N. Y. 1989.

sich das besser aus dem Kopf schlagen, weil sie es niemals schaffen können. Die Sportgeschichte kennt viele Beispiele von Athleten, die sich über solche Hindernisse hinwegsetzten. Sie verdrängten die warnenden Stimmen, auch die objektiven medizinischen Fakten, die sie bloß entmutigt hätten, und machten unbeirrbar weiter.

Haben Sie Ihre Gefühle, oder haben Ihre Gefühle Sie, fragten wir in einem früheren Kapitel. Zur emotionalen Fitneß gehört, daß Sie und nicht Ihre Stimmungen die Kontrolle behalten. Robbins empfiehlt diesbezüglich eine interessante Übung. Versuchen Sie eine Weile lang, Ihre Definition von Ereignissen und den dazugehörigen Gefühlen bewußt zu de-eskalieren. Wenn eine schillernde, dramatische Ausdrucksweise zu Ihrer Persönlichkeit gehört, wollen wir sie keineswegs beeinträchtigen, aber probieren Sie die Übung wenigstens innerlich, in Ihrer Selbstdefinition von Situationen. Überlegen Sie, ob Ihre Ausdrucksweise der authentischen Situation gerecht wird.

»Sind Sie wirklich ›total wütend‹ oder nicht vielleicht doch nur ›irritiert‹? Sind Sie ›komplett überfordert‹, oder haben Sie gerade eine ›sehr arbeitsintensive Phase‹? Sind Sie tatsächlich verzweifelt, oder könnte man es auch als etwas enttäuscht beschreiben?«[2]

Zur Ausdrucksweise vieler Frauen gehört die farbenfrohe Übertreibung. Wenn Sie gerne so sprechen und es zu Ihrer Persönlichkeit gehört, kein Problem. Wenn es nur eine Gewohnheit ist, Sie es der Situation nicht anpassen kön-

---

2 Anthony Robbins, *Notes From A Friend,* Simon and Schuster, N.Y 1995, S. 52

nen, Sie sich selber damit in Stimmungstiefen reißen und sich eine ganze Bandbreite akkuraterer Ausdrücke verwehren, dann ist es eine Reflexion wert. Das gilt besonders für die negativen Register. Wenn Sie »verzweifelt« sind, weil die Friseurin Ihren Haarschnitt verpfuscht hat, was sind Sie dann in ernsteren Krisen? Ihr Vokabular ist eine Mitteilung an andere – wenn Sie sich andauernd bei geringfügigen Anlässen als wütend, verzweifelt, deprimiert etc. beschreiben, dann führen Ihre Mitmenschen dies bald nicht mehr auf irgendwelche bedauerlichen Ereignisse zurück, die Ihnen zugestoßen sind und bei denen sie Ihnen helfen möchten, sondern sie meinen dann, daß es an Ihnen liegt, daß Sie sich gerne und von Ihrer Zusammensetzung her in diesen Gefühlslagen bewegen. Und auch auf Sie selber mag es eine Wirkung nehmen, ob Sie einen Schicksalsschlag als »Crash« oder als »Korrektur« definieren.

Kapitel 5

Sinn und Unsinn von Szenen

Eine Szene ist eine sich ins Exzessive aufschaukelnde Auseinandersetzung. Selten endet sie, ohne einen oder beide Teilnehmer seelisch und/oder körperlich verletzt zu haben. Stellen wir uns daher die Frage: Lohnen sich Szenen? Was sind die Vor- und Nachteile, wenn man sich dazu entschließt – oder sich dazu hinreißen läßt –, einen Konflikt auf diese Weise abzuhandeln?

In beruflichen Auseinandersetzungen ringen wir um atlantische Kühle. Auch wenn wir innerlich kochen, lassen wir uns das nicht anmerken – diese Befriedigung gönnen wir unseren Feinden nicht, sie sollen bloß nicht glauben, daß sie uns aus der Contenance bringen können! »Never let them see you sweat«, lautet die griffige Devise der Amerikaner. Wer kühl bleibt, souverän ist, scharfsinnig seine nächsten Schritte kalkuliert, hat den Vorteil. Das wissen wir. Hin und wieder ein bißchen Affekt kann die Sache würzen, das durchaus! Wir zeigen ein wenig Ungeduld, wir sind irritiert, vielleicht sogar ein bißchen zornig – alles sorgfältig dosiert und nach Plan. Auf keinen Fall brechen wir vor dem Schreibtisch unserer Kontrahenten heulend und strampelnd zusammen, das wäre peinlich. Die Schwachen, Hilflosen, diejenigen, die nicht einmal sich selber im Griff haben, die siegen nirgendwo. Schon gar nicht in der Natur, der auch wir entstammen. Wenn schon Schwäche zeigen, dann nur als Trick, um den Gegner herbeizulocken und ihn dann, zu voller Größe aufgefahren, zu verschlingen. Nur in unseren privaten Beziehungen weichen wir von dieser altbewährten Einsicht ab. Dort lassen wir uns, sobald es wichtig wird, prinzipiell erst mal gehen. Fragen wir wertfrei: Ist das klug? Welche Vorteile mag das bringen?

Als ersten Vorzug können wir erwähnen: Eine Szene gilt den Teilnehmern als Lebenszeichen für ihre Beziehung. Ist diese Beziehung (gefühls)tot? Nein, sie hat noch einen Puls. Aber mit einem bloßen Lebenszeichen geben sich die meisten Leute nicht zufrieden. Es muß schon mindestens ein akutes hysterisches Kreischen sein, am besten begleitet vom Klirren zerbrechenden Geschirrs. Es muß Tränen geben, Drohungen, geraufte Haare, Verzweiflung, damit man weiß, daß einem der andere und man dem anderen jedenfalls nicht egal ist.

Ein zweiter Vorzug ist das Entspannungsgefühl, das auf die Szene folgt. Während der Szene selber fühlt man sich schlecht. Aber es folgt die kathartische Wirkung. Wie nach einem Gewitter wird danach alles ruhig. Wut und überschüssige Energien haben ein Ventil gefunden.

Der dritte Vorzug: Die Szene endet oft mit einer Versöhnung. Um endlich Ruhe zu haben, oder mitgerissen vom heftigen Gefühl, schwört der Partner Eide, macht Versprechungen, ist besorgt und lieb und zugewandt. Es werden Entschlüsse gefaßt, die alle vorangegangenen Zweifel zerstreuen und nach Sieg aussehen. Er liebt mich doch. Er trennt sich von der anderen. Er wird sich nie mehr von seiner Mutter gegen mich aufhetzen lassen. Er lehnt die Versetzung ab, um bei mir zu bleiben. Er liebt mich, und alles wird wunderbar.

Die Nachteile ergeben sich aus den Vorteilen. Eine Szene ist eine enthemmte Situation. Es werden Dinge gesagt und getan, die ein klarer Kopf zu verhindern wüßte. In einer Szene zeigt man sich nicht unbedingt von der vorteilhaftesten Seite. Gesagtes bleibt im Raum, wird vielleicht verziehen, aber nicht unbedingt vergessen. Nicht alles kann in anschließender Reue oder Besonnenheit wieder rückgängig gemacht werden.

Für Frauen ist es mitunter eine freudige Erleuchtung zu entdecken, daß sie einen Mann erschrecken und paralysieren können durch einen hysterischen Mänadenauftritt, doch dann sind sie in seinen Augen genau das: hysterisch. Es ist sicherlich eine Genugtuung, wenn der souveräne Herr Ober-Cool plötzlich ganz perplex dasteht und nicht weiß, wie er dieses tobende Naturereignis mitten in seinem Wohnzimmer in den Griff kriegt, doch solche Auftritte müssen sorgfältig dosiert sein. Zuviel Wahnsinn, und Ihr Sieg geht in Rauch auf. Seine Zugeständnisse fallen dann unter die Rubrik Notwehr (und gelten nicht) oder unter die Rubrik therapeutische Intervention (und gelten nicht) oder unter die Rubrik Erste Hilfe (und gelten nicht).

Allzu extravagante Zugeständnisse sind nichts wert, und das ist der zweite Nachteil einer Szene. Die Frau, die damit leichtsinnig hantiert, hat wenig gewonnen, dafür aber viel verloren, nämlich ihren Status als ernst zu nehmendes Gegenüber. Ja, Männer finden es charmant, erregend und faszinierend, wenn eine Frau eine Szene macht. Aber das heißt noch nicht sehr viel. In der Mittelschulklasse meines Sohnes fanden alle es toll, als ein gewisser Gerald auf eine Wette hin ein großes Glas Wasser direkt aus dem Aquarium schöpfte und in einem Zug hinuntertrank. Wollen Sie eine Unterhaltungseinlage sein oder ein Verhandlungspartner? Immer nur durch irres Extremverhalten zu beeindrucken, ist kein vernünftiges Ziel. Wenn schon, dann muß die Botschaft lauten: Sonst bin ich ja immer ein ausgewogenes, intelligentes Vernunftwesen, aber diesmal war dein Vergehen so unglaublich, daß selbst die besonnenste Frau darüber den Verstand verlieren muß. Unter allen Umständen muß es eine Inszenierung bleiben, keine Entgleisung. Sarah Bernhardt, ja. Ophelia, nein.

Sind Szenen also nun zielführend oder nicht? Die beste Antwort lautet: Es kommt darauf an. Auf das Timing, die Teilnehmer und das Ziel. Hier der Grundfehler, den viele Frauen machen: Sie sehen eine Szene als Selbstzweck, und das ist ganz bestimmt falsch.

Auch eine katastrophale Szene kann einen positiven Effekt haben – die Frage bleibt trotzdem, ob sich das lohnt. Dazu ein Beispiel. Anna ist Buchhalterin. Olaf ist Arzt. Die beiden sind seit zwei Jahren geschieden. Die 6 Jahre alte Tochter lebt bei Anna. Obwohl seit der Scheidung schon eine geraume Zeit verstrichen ist, ist noch viel emotionaler Ballast vorhanden. Die Scheidung ging von Olaf aus, Anna wäre lieber verheiratet geblieben und leidet noch immer unter der Kränkung. Olaf hat als Expartner noch genau dieselben Fehler, die er als Ehemann hatte: er ist knausrig, unzuverlässig und egoman. Er hält sich nicht an Vereinbarungen und zahlt den ausgemachten Unterhalt nur nach wiederholten Mahnungen. Zum großen Eklat kommt es im Frühling. Olaf hat vor, seine Tochter in den Sommerferien nach Israel mitzunehmen, weil er dort ohnehin zu einer Tagung muß. Dafür braucht das Kind einen Reisepaß. Da sie, Originalzitat, nach der Scheidung nicht mehr als Botengängerin für ihn zur Verfügung steht, hat es Anna abgelehnt, den Paß zu besorgen. Und Olaf hat, in gewohnter Manier, schon zweimal eine beglaubigte Fotokopie der Geburtsurkunde verlegt oder verloren. An diesem Sonntag nachmittag verlangt er von Anna eine erneute Kopie. Sie hat keine mehr. Er will das Original. Das lehnt sie ab. Gut, dann muß sie ihm eben morgen eine neue beglaubigte Kopie zukommen lassen. Aber nein, sagt Anna, das müsse sie ganz und gar nicht. Zweimal habe sie ihn schon aus seiner unglaublichen Schlamperei gerettet, jetzt müsse er selber sehen, wie er zu dem Dokument kommt. Olaf rastet aus. Er packt Anna am Hals, als ob er sie erwürgen wollte. Sie kann sich losreißen, läuft zum Telefon und wählt den Notruf. Er reißt ihr das Telefon aus der Hand und das Kabel aus der Wand. Der Lärm weckt die Tochter, die aus ihrem Schlafzimmer wankt und plötzlich im Wohnzimmer steht. Olaf erschrickt und läuft aus der Wohnung. Wenig später trifft die Polizei ein. Anna sagt ihnen, daß Olaf in den Jahren ihrer Ehe nie gewalttätig gewesen ist; wahrheitsgetreu sagt sie aber auch, daß sie diesmal vor ihm Angst hatte und den Eindruck bekam, daß er sie am liebsten umbringen wollte. Die Polizei macht sich auf die Suche nach Olaf. Er wird verhaftet und abgeführt.

Die Angelegenheit regelte sich. Anna gab zu Protokoll, daß es sich um einen erstmaligen Vorfall handelte, und Olaf verpflichtete sich, eine Beratungsstelle aufzusuchen. Für alle Beteiligten war diese Szene ein grauenhaftes Erlebnis. Zumindest die beiden Erwachsenen haben aber letztendlich davon profitiert. Für Anna war der Vorfall, mehr als die Scheidung, der totale Schlußstrich unter die Beziehung. Nun war es für sie wirklich aus. »Paradoxerweise blieb kein Haß auf ihn zurück, im Gegenteil, ich mag ihn jetzt, ich habe ein freundschaftliches Gefühl. Wenn ich mir vorstelle, wie er von der Polizei abgeführt und in einen Streifenwagen gesetzt wurde, finde ich es fast ein bißchen komisch. Es paßt so gar nicht zu ihm. Er ist so bedacht auf sein Ansehen, alle halten ihn für so gutmütig und geduldig, er ist auch wirklich eher lethargisch als jähzornig.« Mit der entsetzlichen Peinlichkeit, vor den fassungslosen Augen seiner gutbürgerlichen Nachbarn von der Polizei abgeholt zu werden, betrachtet sie ihn als hinreichend bestraft und seine Schuld als abgegolten. »Wir sind auf Distanz gegangen«, sagt Anna. »Wir waren immer noch ineinander verstrickt, er dachte, er könne über mich und meine Zeit verfügen, ich dachte insgeheim immer noch, ich könne ihn ändern und dann sind wir wieder ein Paar. Jetzt sind wir richtig getrennt, es bleiben nur noch sachliche Organisationsfragen zwischen uns.« Die Methode, mit der diese heilsame Distanz erreicht wurde, war aber recht drastisch. Die Szene hat zwar einen lange schwelenden Konflikt ein für allemal bereinigt, aber das wäre vielleicht auch anders möglich gewesen.

Eine Szene besticht durch ihren anarchischen Charakter. Wir Normalbürger erleben damit unseren großen Bühnenauftritt, unseren Salto mortale, unseren Tanz auf dem Vulkan, unseren Sprung ins Chaos. Aber nicht wirklich. Auch eine Szene hat Regeln. Auch im Zuge einer Szene gibt es Handlungen, die nicht dem Affekt zugeschrieben und entschuldigt werden dürfen. Eine Grundregel ist, daß die Integrität des Gegenübers gewahrt bleiben muß. Diese Regel hat Olaf verletzt, als er Anna würgte. Insofern hat sie recht, wenn sie sagt, daß dieser Vorfall das wirkliche Ende ihrer Ehe markierte. Danach kann es kein Zurück mehr geben. Das trifft nicht nur auf körperliche Gewalt zu, sondern auch auf verbale. Die gestattete Antwort auf »Ich gehe« lautet niemals: »Dann geh doch.« Im zufälligen Lärm einer Szene, mit all den letztlich bedeutungslosen Dingen, die man sich gegenseitig an den Kopf wirft, steht dieser Austausch kristallklar da und verlangt danach, total ernstgenommen zu werden.

Die typische Szene besteht aus einem absichtlichen Kontrollverlust. In ihrem normalen Leben und in der Öffentlichkeit würde es den Betreffenden nicht im Traum einfallen, sich so zu benehmen, sich so weit zu vergessen. Da würden sie sich beherrschen. Eine Szene beginnt mit dem willentlichen Beschluß, die Beherrschung hinzuschmeißen, um dem anderen zu zeigen, wie aufgebracht man ist, wie wichtig einem die anstehende Sache ist und wie weit man zu gehen bereit ist, falls er einem nicht entgegenkommt. Die Selbstbeherrschung entschuldigt sich und verläßt vorübergehend den Raum. Eine Szene ist Glatteis, ist ein atomarer Schlag, ist ein Sprung aus dem emotionalen Fenster. Scheinbar. Die meisten von uns haben immer noch Grenzen, auch wenn die sich in der Turbulenz einer Szene als erschreckend dehnbar erweisen. Wir halten immer noch Regeln ein, eigene innere Regeln. Weil wir uns als zivilisiert betrachten, zertrümmern wir die Vase, aber wir prügeln nicht; oder wir schlagen, aber nicht fest; wir werfen einander scheinbar ungefesselte Abscheulichkeiten an den Kopf, in der Zuversicht, daß wir uns später immer noch entschuldigen und behaupten können, wir hätten eben komplett die Beherrschung verloren. Komisch nur, daß unsere angeblich unbeherrschten Beschimpfungen immer noch in einem Flüsterton geschahen, damit die Kinder nichts hören, und daß nicht die Lieblingsvase dran glauben mußte, sondern dieser häßliche Kübel von Tante Marta.

Deswegen ist der Ausdruck »Szene« so treffend. Unser Verhalten behält ein theatralisches Moment, einen Anteil von Inszenierung und Absicht. Wir nehmen eine Szene als Blankoscheck, aber in Wahrheit verhält es sich wie bei der Hypnose: Auch im Griff einer Szene tun Sie nichts, was Ihnen sonst, bei vollem Bewußtsein, absolut fremd wäre.

Die Szene ist also ein Instrument, und zwar eines, das von Frauen gerne, aber leider nicht immer sehr geschickt verwendet wird. Daß Frauen Szenen mögen, ist ja noch einleuchtend. Sie bringen alles mit, was für eine effektvolle Szene notwendig ist: ihre lebendige Mimik eignet sich für ein breites Ausdrucksregister, ihre Stimme kann zum erregten, penetrant die Nerven zersägenden Sopran aufsteigen, die Körpersprache ist artikuliert in der grazilen Darstellung von Drama, Wut, Verzweiflung und unmittelbar bevorstehender, aufgebrachter Abreise mit einem kleinen Köfferchen in die finstere Nacht. Dann bringt die Frau für diese Rolle auch noch eine hohe Glaubwürdigkeit mit. Jedermann/jeder Mann weiß schließlich, daß Frauen irrational, hysterisch und labil sind und durchaus dazu imstande, jetzt gleich etwas Verrücktes zu tun, wenn man ihnen nicht sofort nachgibt.

Viele Methoden, die Männern zur Verfügung stehen, fallen Frauen vergleichsweise schwerer. Männer können körperlich bedrohlich wirken, auch wenn sie es von ihrer

Persönlichkeitsstruktur her gar nicht sind. Ihre Gestik und Mimik in Streitsituationen unterstreicht ihre Kraft und Gefährlichkeit, was ein weibliches Gegenüber verunsichern und dem Mann einen gewissen psychologischen Vorteil geben kann, vor allem dann, wenn er scheinbar nichts dazu tut und man ihm daher nicht vorwerfen kann, ein brutaler Primitivling zu sein.

So weit sind wir noch nicht von unseren Instinkten und Ursprüngen entfernt, daß wir Kräfteunterschiede zumindest auf einer archaischen reflexhaften Ebene nicht mehr registrieren würden, und ein zorniger Mann besitzt eine urtümliche Bedrohlichkeit. Es ist wichtig, das wahrzunehmen, weil der Ursprung der weiblichen emotionalen Szene genau hier seine historische Entstehung hat. »Du magst stärker sein und immer gegen mich gewinnen können«, sagt das Verhalten der Frau, wenn sie eine Szene macht. »Und wenn ich bei Verstand wäre, müßte ich mich dir deshalb unterordnen, aber ich bin nicht bei Verstand, und daher raste ich jetzt aus und greife dich, den Größeren und Stärkeren, an, und du wirst es dir gefallen und dich von mir bedrohen und bestrafen lassen, weil du mich liebst und mich behalten willst.«

Kurz, die Szene selbst ist durchaus ein rationales Instrument in Auseinandersetzungen. Potentiell. Ob sie letztendlich sinnvoll ist oder nicht, hängt vom Einsatz ab. Eine Szene ist kein Allheilmittel, und hier machen die meisten Frauen ihren grundsätzlichen Fehler. Sie setzen magische Hoffnungen in die Szene. Ohne ein konkretes, realistisches Ziel vor Augen zu haben, gehen sie hoch. Wir wirbeln alles auf und hoffen, daß aus dem Chaos eine neue Ordnung hervorgeht, irgendwie. Wir wissen, wie schnell eine Szene danebengehen kann, wenn die Frau ihre emotionale Selbstkontrolle überschätzt und ein unrealistisches Ziel verfolgt. Was wäre demgegenüber eine sinnvolle Szene?

Sarah meint, daß eine gelungene Szene vor allem einen persönlichen Standpunkt vermittle. Bis hierher und nicht weiter, sage die Szene, und sie sage es auf einprägsame Art, die das Gegenüber nicht so schnell vergesse. »Meine erste sinnvolle Szene dieser Art lieferte ich mit 16«, erinnert sie sich.

Meine Eltern waren moderne, aufgeschlossene Leute, große Diskutierer, aber die Familie hatte ein Geheimnis. Unser Vater hat geschlagen, der Großvater auch. Als Kind lernt man, seine Wut zu beherrschen, weil man klein ist. Die Hemmschwelle den eigenen Eltern gegenüber ist extrem. Als ich dann 16 war, gab es wieder mal eine Auseinandersetzung, mein Vater hob seine Hand, und ich sagte, daß er es nicht wieder machen soll. Er hat mich trotzdem geschlagen, und ich hab sofort zurückgeschlagen. Er war noch immer größer, aber ich bin völlig ausgerastet. Ich konnte es nicht mehr hinnehmen, von ihm geprügelt zu werden. Mir war alles egal, ich hätte ihn in dieser Sekunde auch umbringen wollen, und das hat er gespürt. Er hat mich nie wieder angerührt.

Das Komische an meinem Vater war, daß er uns erzogen hat mit der deutlichen Botschaft: ›Laß dir nichts gefallen.‹ Mich hat er in Karate geschickt, wofür ich ihm dankbar bin, weil du davon eine ganz andere Standhaftigkeit bekommst. Du lernst, dein Terrain zu halten. Mein Vater wollte, daß wir uns nie irgendwas gefallen lassen: außer von ihm. Er war die Ausnahme, der dominante Patriarch. Ich habe wahrscheinlich von ihm ein männliches Muster übernommen, während meine Schwester ganz anders reagiert hat. Sie hat es eher unserer Mutter nachgetan. Sie wehrt sich nicht, sondern sie verweigert.

Wahrscheinlich durch unsere unterschiedliche Persönlichkeit sah ich mich immer als Beschützerin meiner großen Schwester, obwohl man es sonst eher umgekehrt erwarten würde. Sie ist fein, entgegenkommend, friedlich. Leider hat sie einen Mann geheiratet, der das ausnützt. Er brüllt sie oft an und macht ihr viele Schwierigkeiten. Es gab einen Zeitpunkt, wo es wirklich extrem wurde, und da bin ich einmal ausgerastet. Ich hätte ihn fast umgebracht. Er kann eigentlich froh sein, daß er sich rechtzeitig gebückt hat. Dieser Schwager hat bis heute Todesangst vor mir. Wenn ich zu Besuch bin, verliert er kein unnötiges Wort und ist ganz zahm.

Der einschneidende Vorfall: Ich reparierte die Waschmaschine meiner Schwester, technisch bin ich irgendwie begabt. Ich hatte also ein Werkzeug, so einen ›Franzosen‹ in der Hand. Ich war 17 und sie war 23, mit einem schreienden Kind. Sie und ihr Mann wollten weggehen, und ich war eigentlich dort zum Babysitten. Mein Schwager hat irgendwas nicht gefunden und hat die Wäschelade rausgerissen und gebrüllt: ›Das ist eine Unordnung!‹ Er wollte, daß meine Schwester alles ordnet. Sie hatte gerade fertig studiert und hatte ein drei Monate altes Baby, hat trotz Schwangerschaft und Baby ihren Doktor fertig gemacht, und dieser Mensch macht ihr den Vorwurf, daß der Haushalt nicht perfekt in Ordnung ist. Daß sein Kram nicht schön gefaltet ist.

Ich habe sie weinen gehört und ihn schreien. Ich hatte gerade diesen Franzosen in der Hand und sah, wie er die Lade auskippt, alles auf den Boden haut. Ich dachte keine Sekunde nach, sondern schleuderte diesen Franzosen zielsicher in Richtung Schwager. Das Werkzeug schlug gegen die Wand und hinterließ ein Loch. Er ging vorher in Deckung. Wir sind alle drei furchtbar erschrocken. Ich hätte ins Gefängnis kommen können, wenn ich ihn erschlagen hätte. Aber der Vorfall war sehr gut für meine Schwester. Ab da war ich im Hintergrund wie der böse Wolf. Und ich hab daraus etwas gelernt. Das Seltsame bei Männern ist, daß sie sich mit dir solidarisieren, wenn du dezidiert handelst. Sogar für Aggression haben sie viel Verständnis. Vielleicht, weil man dann ihre Gefühlswelt teilt. Dann kommen Sätze wie: ›Mit dir würde ich mir das nie erlauben, was ich mir mit deiner Schwester erlaube.‹

Das habe ich oft so erlebt. Leute, die mit Frauen und Kindern, aber auch mit anderen Männern, die sie nicht als gleichwertig akzeptieren, belehrend und von oben herab umgehen. Wenn ich denen vor den Kopf knalle, daß es mit mir überhaupt nicht läuft auf diese Tour, dann fraternisieren sie sich plötzlich. Ich hab schon Sätze gehört wie: ›Wäre ich an eine Frau wie dich geraten, dann wäre ich ganz anders.‹

Mit 19 bin ich ausgewandert nach Israel und habe in einem Kibbuz gelebt. Das hat mir extrem gutgetan, weil es mich diszipliniert hat. Das Gemeinschaftliche war mir neu und hat mich gemäßigt. Dann kam meine erste richtig ernsthafte Beziehung. Ich sah in diesem Mann meinen Zwilling, mein Spiegelbild. Wir waren fünf Jahre zusammen. Wir haben sogar zusammen gearbeitet, es war sehr intensiv und rund um die Uhr. Ich war sehr glücklich, aber er hat Freundinnen gehabt. Beim ersten Mal hat er gemeint: Ja, das war eben die Thea, und er kenne sie von früher, eine alte Freundin, und irgendwie sei er ihr noch einmal verfallen, und das werde nie mehr passieren. Aber dann kam es ein zweites Mal dazu. Und als ich dahinterkam, meinte er zu seiner Rechtfertigung, die Yvonne sei eben so lieb, und mache, was er wolle, während ich so schwierig sei. Das hat mich getroffen, mehr als man meinen sollte. Ich habe gute zwei Stunden lang ernsthaft überlegt, ob ich auch so eine werden soll, die lieb ist und macht, was er will. Aber ich hab ihn statt dessen rausgeschmissen und litt furchtbar. Es war sehr schmerzhaft.

Ich hätte auch eine Szene machen können, bei der wir uns danach versöhnen, aber das wäre eine dramatische Inszenierung gewesen und nicht echt. Wenn du in dir selber etwas unterdrückst, verlierst du deine Integrität. Es kommt der Moment, wo du weißt, ich muß jetzt aufstehen und gehen. Ich will es nicht, ich würde lieber bleiben, ich liebe ihn noch immer, aber ich muß gehen. Die immer wieder gleichen vorgetragenen Szenen sind eher Wünsche, das Gegenüber zu verändern. Sie sind kein ehrlicher Ausdruck. Wenn ich schreie und eine Szene mache, kann ich den anderen damit nicht ändern. Ich kann nur eine Szene machen, damit er merkt, daß mir etwas unerträglich ist. Um die Fronten zu klären.

Die meisten Frauen erwarten, daß sich Situationen ändern. Ich finde, daß eine Szene nichts ändert. Wenn ich Szenen liefere, dann sind sie dazu da, um meinen Unwillen auszudrücken. Bis hierher und nicht weiter, sage ich damit. Wenn dein Partner deiner Meinung nach immer wieder etwas macht, was dich stört, dann kannst du es entweder schlucken, oder du kannst dich behaupten. Mein Partner hat sich mit anderen Frauen eingelassen, und ich fällte eine Entscheidung. Ich entschied, daß es aus ist. Ich hätte auch weinen und schluchzen können, aber dann hätte er wieder die Macht. Man probiert das, man liefert etliche Szenen zum selben Zweck und kommt drauf, daß man sich doch nur gedemütigt hat. Wenn die Beziehung auf solider Basis steht, dann kann eine Szene ein Ventil sein. Danach kann man darüber lachen. Aber zu meinen, daß man etwas ändern kann dadurch, das stimmt nicht. Man kann lediglich eine Grenze ziehen. Meine eigenen Grenzen sind vielleicht zu eng gesteckt, das kann sein. Aber ich muß für mich einstehen.

Das gilt auch in anderen sozialen Beziehungen. Durch meinen jetzigen Mann habe ich einen Bekanntenkreis, der nicht immer mit meiner Weltanschauung konform geht. Er ist Vertreter für zahnärztliche Hilfsmittel, da gibt es ein paarmal im Jahr Firmentreffen, die unendlich öd sind, aber aus Liebe trotte ich mit. Also wir waren da eingeladen, saßen beim Heurigen, und am Nebentisch saß ein Afrikaner. Plötzlich kamen da Kommentare über

Schwarze. Ich glaube, ich höre nicht richtig, bin schon in Alarm-stufe Drei, was mein Mann bemerkt. Daraufhin sagt er: ›Stopp Leute, bei der Sarah muß man bei diesen Sachen sehr vorsichtig sein.‹ Ich daraufhin gleich: ›Sei lieber *du* vorsichtig, sonst kannst du zu Fuß heimgehen.‹ Der Gastgeber war vollkommen fertig und dachte, er müsse jetzt einen Ehestreit schlichten, wollte die Sache mit einer neutralen Bemerkung entschärfen und meinte: ›Interessant, wie unterschiedlich die Weltanschauungen sein können.‹ Daraufhin sagt mein Mann: ›Ja, aber ich mag sie trotz-dem.‹ Was sollte ich darauf noch antworten? Wenn er sich als der totale Schleimscheißer benimmt. Während der ganzen Heimfahrt hat er auf mich eingeredet, daß er doch nur so rea-giert hat, weil man mit bestimmten Leuten, die solche Ansichten haben, gar nicht streiten kann. Und er keine Szene wollte. Ich fühlte mich von ihm in dieser Situation in Stich gelassen. Ich denke mir, wenn ich *einmal* sitzen bleibe und mir rassistisches Zeugs lächelnd anhöre, dann bleibe ich auch ein zweites Mal sitzen. Dann verlier ich meine Grenze.

Später habe ich diesen Gastgeber übrigens zufällig auf der Straße getroffen, und er meinte: ›Du hast mir sehr imponiert. Ich hab darüber nachgedacht, was du gesagt hast. Das war wohl wirklich eine rassistische Bemerkung von mir. Mit einer Szene kann man zeigen, was man akzeptiert und was nicht.‹

Eine zweite Kategorie von sinnvollen Szenen sind jene, die Situationen klären. Das Zusammenleben ist schreck-lich geworden, ständig gibt es Streit oder Disharmonie, ruhige Gespräche erweisen sich als unmöglich oder helfen nicht weiter, man sieht keinen Ausweg mehr, also macht man eine Szene. Die Szene soll das ganze verwirrende Drumherum wegfegen und Klärung bringen. Das Pro-blem dabei ist, daß der Begriff der Klärung an sich neu-tral ist wie der Begriff »Antwort«. Die Verursacherin einer Szene will aber nicht irgendeine Antwort, will nicht als Wissensucherin »die Wahrheit« erfahren, sondern sie will eine ganz bestimmte Antwort. Unter »Klärung« versteht sie, und mit dieser Zielvorgabe geht sie in die Szene hinein, daß ihr Konfliktpartner durch die Szene erschreckt und eingeschüchtert wird, zum Rückzug bewegt werden kann und nachgibt. Die illuminierte Wahrheit soll sein, daß er sie liebt und ab nun tun wird, was sie möchte. In vielen Fällen bedeutet eine ehrliche Klärung aber, und das wird sich im Verlauf der Szene tatsächlich zeigen, daß diese Beziehung keinen Wert und keinen Sinn mehr hat, und ein Bruch notwendig ist.

Frauen verteidigen die Szene als Methode der Auseinandersetzung mit dem Argument, daß eine Szene die Dinge »kläre«. Weil sie die Menschen in einen Zustand des heftigen Affekts versetze, weil sie den Alltag wegfege und die Verständigung auf der Basis des nackten, blanken Nervenkostüms verlagere, diene sie der Ehrlichkeit. Die Szene sei eine Prüfung, eine Belastungsprobe, eine Art TÜV für die Liebe. Die Beziehung gehe durchs Feuer, und wenn sie das überstehe, dann habe sie Bestand.

Soweit die Theorie, die vielleicht sogar ein Fünkchen Wahrheit enthält. Szenen können unter Umständen größere Klarheit schenken, wenn Frauen ihren eigenen Anspruch ernst nehmen würden. Dann nämlich wäre eine Szene so etwas wie ein empirischer Test, etwas Rationales. Bei genauerer Betrachtung stellt sich aber heraus, daß viele Frauen in Wirklichkeit nicht echte »Klarheit« wollen, sondern eine ganz bestimmte, gewünschte Antwort. Sie wollen nicht erfahren, ob ihr Partner ihnen untreu ist, sie nicht mehr liebt, oder in einer für sie sehr wichtigen Angelegenheit nicht bereit ist nachzugeben, damit sie andernfalls Konsequenzen ziehen können. Sondern sie hoffen auf Beruhigung. Nur ein positiver Ausgang ist erwünscht. Wenn der nicht eintritt, schrecken sie vor den Konsequenzen dieser Tatsache zurück, und die Natur einer Szene erlaubt ihnen das.

Meinten sie vorher noch, die Szene sei ein untrüglicher Weg zur Klarheit, die Heftigkeit der Emotionen eine Garantie für den Wahrheitsgehalt, so ändert sich diese Interpretation bei unerwünschtem Ausgang um 180 Grad. Es heißt dann, man habe in der Hitze des Gefechts Dinge gesagt, die gar nicht so gemeint waren, habe sich hinreißen lassen zu emotionalen Ausschreitungen, die man nun, wieder bei klarem Kopf, bedaure. Das ist leichtsinnig, denn die Wahrheit, die man im Lauf einer Szene erfährt, verflüchtigt sich nicht. Sie ist ein weiteres Warnsignal, das Frauen zum eigenen Schaden überhören.

Sonja ist 29, und die wüstesten Szenen ihrer Beziehung gab es
schon im ersten Jahr nach unserer Heirat. Ich erinnere mich noch an einen Streit in den ersten Monaten, eine fürchterliche Szene, in der ich irgendwann völlig entnervt geschrien habe: ›Ich halte das nicht mehr aus, ich gehe!‹ Darauf antwortete er, mein frisch angetrauter Ehemann, einfach nur: ›Dann geh halt!‹ Und heute, sechs Jahre später, sehe ich es als meinen größten Fehler an, daß ich seiner Aufforderung und seinem Ratschlag nicht entgegengekommen bin. ›Dann geh halt‹ hat im Grunde alles gesagt, und ich habe es nicht begriffen. Erst Jahre später, mit einigem Beziehungsballast beladen, mit einem Sorgerechtstreit und einer unerfreulichen rechtlichen Situation, bin ich so weit.

War die Situation vorhersehbar? Wenn ich ganz ruhig darüber nachdenke, dann sehe ich, daß viele Probleme sich von Beginn an abgezeichnet haben. Er ist unglaublich kalt. Er ist 15 Jahre älter. Wir arbeiten in derselben Firma, aber auf ganz anderen Ebenen, er im mittleren Management, ich als Sekretärin. Er haßt Pop und Rock und all die Dinge, die mir viel bedeuten. Auf die Unterschiede zwischen uns habe ich nicht geachtet. Wir waren ein Jahr zusammen, bevor wir geheiratet haben, und in diesem Jahr hat sich bereits abgezeichnet, daß er nicht bereit sein wird, einen einzigen Zentimeter in meine Richtung zu rücken. Wenn ich etwas unternehmen wollte, hat er immer nur gemeint, ich müsse ruhiger werden. Ich bin mir schon wie ein pathologischer Fall vorgekommen. Dabei war ich einfach ein lebendigerer Charakter. Er sagte immer, ich soll froh sein, ihn zu haben, wegen der Stabilität. Und ich hab irgendwann angefangen, auch daran zu glauben. Er brachte ein Gleichgewicht in mein Leben, das ich eigentlich gar nicht gebraucht habe. Heute, wo ich ihn abgeschüttelt habe, fühle ich mich weitaus mehr im Gleichgewicht als während der Jahre unserer Ehe.

Ich glaube mein Hauptfehler war, daß ich Szenen machte wegen Dingen, die eigentlich unveränderbar waren. Ich konnte aus dem Typ »gesetzter Beamter« nicht den Typ »flotter junger Mann« machen. Den letzten Abend, den wir miteinander verbracht haben, werde ich nie vergessen. Es war ein Sonntag. Schon am Nachmittag gab es einen Riesenstreit. Nein, eigentlich schon am Abend vorher. Ich hatte Theaterkarten besorgt für eine Kellerbühne, und er hat gesagt, mit so einem Mist vertue er seine Zeit nicht. Statt eine Freundin anzurufen und mit der hinzugehen, habe ich die Karten verfallen lassen. Das hat dann in mir gearbeitet, und am Abend im Bett habe ich angefangen zu schluchzen. Ich habe gefragt, ob wir nicht in eine Ehetherapie gehen sollten. Er sagte: ›Wenn hier jemand spinnt, dann du. Ich fühle mich wohl, aber du kannst ja gerne zum Seelenklempner gehen.‹ Am nächsten Tag setzte der Streit sich fort, ich redete mich in einen Wirbel hinein, er saß auf dem Sofa und las in aller

Ruhe seine Zeitung. Ich war außer mir. Schon wieder ein Wochenende, an dem er die ganze Zeit nur herumsaß. Ich zog mich um und habe mich in ein Flimmerglitterkleid geworfen, so zog es mich in eine Disco. Ich rechnete nicht damit, daß mein Mann mich suchen kommt. Er wußte aber, daß ich gerne tanze, und kam mir nach. Er zog mich von der Tanzfläche und knallte mir eine, in aller Öffentlichkeit. Übrigens hat niemand reagiert, überhaupt nicht, es war so, als ob das völlig normal wäre. Es war so, als würde der Vater seine Tochter von der Disco abholen, in der sie nicht hätte sein dürfen.

Wir sind dann heimgefahren. Ich war unter Schock. Wir saßen beide im Wohnzimmer, schweigend. Ich war weggetreten, aber durch die Nebelschicht dämmerte mir, daß ich etwas ändern muß. Leider war meine Handlung nicht sehr klug. Ich habe meine Sachen gepackt, auch die Sachen von meinem Sohn, und habe ein Taxi gerufen. Ich zog aus. Damit habe ich mich rechtlich in eine unmögliche Lage versetzt: böswilliges Verlassen, heißt das nämlich. Statt dessen hätte ich zu einem Anwalt gehen müssen. Ich war nicht in der Lage, meine Gedanken zu sortieren und Schadensbegrenzung zu betreiben. Am nächsten Tag ging ich unter Spannung in die Wohnung zurück, um Papiere zu holen, und dort überkam es mich wieder, und ich zertrümmerte in der Küche das Geschirr. Ich ließ es am Boden liegen – er hatte natürlich nichts Besseres zu tun, als Fotos anzufertigen vom Scherbenhaufen, als Beweis für meine Verrücktheit. Einige Tage später konnten meine Eltern mich dazu bewegen, einen Anwalt zu besuchen, und nun läuft unsere Scheidung. Jetzt regelt sich alles, so allmählich.

Im Grunde habe ich Jahre verschleudert. Im ersten Ehejahr wußte ich schon, daß es nicht klappen wird, aber ich wollte es nicht wahrhaben. Wenn ich die Geschirrszene schon früher geliefert hätte, dann wäre es ein Signal gewesen, daß alles kaputt ist. Das war, rückblickend, eine gute Szene. Ein Schlußstrich und ein Ventil für meine ganze aufgestaute Wut. Mein Fehler davor war, daß ich immer Szenen geliefert habe ohne Aussage. Er auch. Das waren rein destruktive Szenen, die unserer Beziehung den Anschein von Lebendigkeit gaben. ›Wir liefern uns Szenen, also existiert eine Beziehung.‹

Unsere Interviewpartnerinnen hatten es erlebt und brachten es zum Ausdruck: Szene ist nicht gleich Szene. Da gibt es einen ganz wichtigen Unterschied, das spürten sie, auch wenn sie ihn nicht genau definieren konnten. Wir wollen es an dieser Stelle versuchen.

Sinnvolle Szenen haben eine klare Aussage. Eine Szene kann z. B. sagen: Es ist aus. Wenn Sie eine Szene liefern, in der Sie verkünden, daß die Beziehung nun aus ist, nur um Ihren Partner zu Tode zu erschrecken und Zugeständnisse aus ihm herauszuholen, dann mag das eine Wirkung haben. Beim ersten Mal, beim zweiten Mal, nicht aber 14tägig. Nach einer gewissen Zeit verwandelt sich die Botschaft von »Sie meint es ernst, und ich muß mich um sie bemühen« in »Sie spinnt wieder«, Auch ein »Sie spinnt wieder« kann Ihnen Zugeständnisse einbringen, ist aber trotzdem von anderer Qualität.

Sinnvolle Szenen bewirken einen Lerneffekt. Sonja und Hans passen nicht zusammen. Der Altersunterschied, noch verstärkt durch Charakterunterschiede, bringt zu viele Unvereinbarkeiten mit sich. Daß diese beiden Leute es trotzdem miteinander versuchen wollten, können wir erklären und interpretieren – Sonja suchte die väterliche, gesetzte Komponente, Hans gefiel sich als Erzieher, und beide fühlten sich angezogen von den Eigenschaften des/der anderen, Hans von Sonjas Lebensfreude und jugendlichem Esprit, Sonja von der Verläßlichkeit und Ruhe ihres Mannes. In der Theorie sah das nach Ergänzung aus, in der Praxis lief es auf Unvereinbarkeit hinaus. Wenn das einmal klar ist, hat die Beziehung ihre Grenze erreicht. Eine Szene, die den Sinn hat, das Wesen des anderen grundsätzlich zu verändern, ist nicht produktiv. Sie kann nur kränken, frustrieren und das Unausweichliche hinausschieben.

Sinnvolle Szenen markieren einen Wendepunkt. Wenn Sie in Variationen, aber grundsätzlich zum selben Thema und in ähnlicher Manier, immer wieder Szenen erleben, dann sind Sie auf dem falschen Weg. Eine sinnvolle Szene muß eine deutliche Verbesserung, Verschlechterung oder einen Bruch herbeiführen.

Sonjas Ehe endete schließlich mit zwei Szenen. Der Vorfall in der Disco war nicht nur eine Szene, sondern gleichzeitig eine Inszenierung. Das erklärt seinen Klischeecharakter – Sonja und Hans spielten sich und einander eine Schlußszene vor. Eine erwachsene, verheiratete Frau, Mutter eines Kindergartenkindes, stürmt nicht in demonstrativer »Flimmerglitterkleidung« aus der ehelichen Wohnung, um in die Disco zu rennen. Ein erwachsener, zivilisierter Mann zerrt seine Frau nicht von der Tanzfläche wie einen schlimmen Teenager. Indem die beiden sich so verhielten, machten sie die Untragbarkeit ihres Zusammenlebens deutlich.

Auch das zerbrochene Geschirr ist halb Affekt und halb Klischee. Mit dieser Geste wird die Symmetrie wieder hergestellt und der symbolische Satz gesprochen, daß zwischen diesen beiden zuviel Geschirr zerbrochen ist, um sich noch reparieren zu lassen. Auffallend ist, daß beide für die Szene eine Öffentlichkeit suchen. In der Disco gibt es Zeugen. Sonja mag von Gram und Wut überwältigt in der Küche Radau geschlagen haben, aber sie läßt den Scherbenhaufen, wie er ist, als Botschaft an Hans, und Hans fotografiert ihn. Nun können beide beweisen, daß ihr Partner unkontrolliert ist, ausgerastet ist, sich unmöglich benommen hat. Und noch etwas: für die Beweisführung sorgt Hans. Hans sorgt dafür, daß die Auseinandersetzung nicht draußen vor der Discotür, nicht im Auto, nicht später im Wohnzimmer stattfindet, sondern mitten auf der Tanzfläche vor allen Leuten. Hans schießt das Beweisfoto vom Geschirrberg. Hans war derjenige, der auf Sonjas ursprüngliche Trennungsdrohung erwiderte: »Dann geh doch«. Hans verweigert die Eheberatung, mit der Sonja ihre Beziehung retten will. Eigentlich hat Hans hier die Fäden in der Hand. Früher als seine junge Partnerin hat er erkannt, daß diese Ehe keinen Bestand hat. Uns interessiert hier die weibliche Seite; würden wir uns mit seiner Seite befassen, würden wir wahrscheinlich feststellen, daß auch er sich in Phantasien versponnen hat, seinen Moment des leichten Entkommens versäumt hat und ein deutliches Ereignis braucht, um dieser Bindung zu entkommen.

Kapitel 6

Gefühle in den Kühlschrank

Schwierige Situationen meistern kann auch bedeuten, gegen den Strom zu schwimmen. Ein kontroverses Beispiel, das nicht mißverstanden werden darf, lernen Sie in diesem Kapitel kennen.

Nora ist 15 Jahre alt, ein aufgewecktes, extrovertiertes, talentiertes Mädchen. Sie engagiert sich in einer Theatergruppe und im evangelischen Jugendklub. Die Mutter ist Softwaredesignerin, der Vater Anwalt. Weltanschaulich und im gewählten Lebensstil stellt die Familie eine interessante Mischung dar aus modern, alternativ und traditionell. Die Mutter ist in der Kirche aktiv, gehört dort aber dem »feministischen Flügel« an. Beide Eltern legen viel Wert auf Familienrituale; ihre Kinder finden sie manchmal zu streng, was Fernsehen und Computer anbelangt. Gleichzeitig betrachten sie sich politisch links der Mitte, engagiert in Umweltfragen und in der Flüchtlingspolitik. Die Familie wohnt auf einem renovierten Bauernhof in einem kleinen Ort außerhalb von Hamburg. Nora und ihr jüngerer Bruder besuchen eine Waldorfschule.

In der Theatergruppe lernt Nora den 17jährigen Sven kennen, Cousin einer Klassenkameradin. Er interessiert sie, weil er sehr anders ist als die jungen Burschen in ihrem sonstigen Umfeld. Er ist Skater und fällt schon durch seine Kleidung und den Ohrring auf. Er gibt sich lässig, immer cool, und das beste ist, auch er scheint Nora interessant zu finden. Er will sich mit ihr verabreden.

Dafür finden Noras Eltern ihre Tochter zu jung. Nora argumentiert, daß sie ja fast schon 16 sei, und die Eltern sollten nicht so altmodisch sein. Schließlich erlauben sie, daß der junge Mann vorerst einmal zum Essen kommt. Nachdem sie ihn begutachtet haben, wollen sie entscheiden, wie es weitergeht. In ihrer anschließenden Lagebesprechung gestehen sich die Eltern ein, daß das Aussehen und Auftreten von Noras Verehrer sie ziemlich abgetörnt hat. Die Mutter empfindet sogar einen richtigen Widerwillen gegen diesen Sven, kann aber nicht genau sagen, warum. Er war höflich und schien ganz in Ordnung zu sein. Die Familie seiner Cousine kennen sie auch, das sind nette Leute. Nach dem Essen hat er lange und geduldig mit Noras kleinem Bruder gespielt, der von ihm hingerissen war. Vielleicht ist es ja wirklich nur die Skater-Optik, die ihnen nicht gefällt, und solche Modeerscheinungen sind bei jungen Leuten zu erwarten. Er darf also eine Woche später wieder kommen. Der zweite Besuch ändert zwar nichts an der instiktiven Aversion, die Noras Mutter nach wie vor für ihn empfindet, gibt aber auch keinen greifbaren Anlaß für Kritik. Er bringt ein kompliziertes Yoyo mit und verbringt viel Zeit damit, Noras Bruder in die Kunst seiner Bedienung einzuweisen.

Zu Beginn der dritten Woche schlägt Sven vor, daß doch nun Nora ihrerseits einmal zu ihm kommen könnte, um mit seiner Familie den Abend zu verbringen. Die Eltern zögern, aber Nora drängt danach. Es ist ja kein Rendezvous, nur ein Abendessen bei ihm zu Hause, mit seinen Eltern. Er ist nur ein knappes Jahr älter als sie. Mein Gott, sie ist doch kein Baby! Was soll schon sein! Die

Eltern lassen sich überreden. Er gefällt ihnen zwar nicht, aber irgendwann müssen sie ja wohl akzeptieren, daß ihre Tochter erwachsen wird und sich für Burschen interessiert.

»Ich hab gleich gemerkt, daß irgend etwas vorgefallen sein mußte«, erinnert sich Noras Mutter heute, ein Jahr später. »Nora kam zur ausgemachten Zeit heim, eigentlich sogar ein bißchen früher, und ging gleich auf ihr Zimmer. Das macht sie in letzter Zeit manchmal, also hab ich mir noch nichts gedacht. Aber am nächsten Morgen war sie komisch, das war Sonntag, und am Montag wollte sie nicht in die Schule gehen. Sie behauptete, krank zu sein, hatte aber keine erkennbaren Beschwerden. Auch am Dienstag blieb sie zu Hause. Manchmal sah sie aus, als ob sie geweint hätte, aber sie stritt das ab. Sie sagte, sie habe bloß eine schreckliche Migräne.«

Am dritten Tag weiht Nora eine Freundin ein; die fühlt sich mit dem Wissen überfordert und geht zur Vertrauenslehrerin. Diese bespricht sich mit der Schuldirektorin, die Noras Mutter aus dem Elternverein gut kennt und sie anruft. Um die Vertrauenslehrerin nicht zu kompromittieren, gibt sie keine Details preis, sondern legt ihr nur nahe, unbedingt mit ihrer Tochter zu sprechen. Am Abend nimmt die Mutter sich Nora vor und läßt nicht locker, bis sie die ganze Geschichte gehört hat.

Wohl waren die Eltern zu Hause, als Nora zu Sven in die Wohnung kam. Aber nach kurzer Zeit sind sie weggegangen. Während sie ihre Mäntel anzogen, telefonierte Sven schon mit dem Pizzadienst. Ein Drama zu machen oder gar nach Hause zu gehen, schien zickig. Nach dem Essen gingen sie in Svens Zimmer, um Musik zu hören.

Sven wollte ein bißchen mit ihr herumschmusen, vielleicht wollte sie auch, doch dann wurde er plötzlich sehr aggressiv, hörte überhaupt nicht auf ihre Proteste, sondern schlief mit ihr. Neben dem Erlebnis selbst war Nora auch über sich selber schockiert. Sie hatte zwar vehement protestiert und keinen Zweifel daran gelassen, daß sie das nicht wollte. Aber warum hatte sie nicht laut nach den Nachbarn geschrien? Warum hatte sie nicht versucht davonzulaufen? Davon abgesehen, wie das für andere, für Außenstehende aussehen mußte, ihre schlechte Reaktion war ihr selbst ein Rätsel.

Nora ist erleichtert, sich ihrer Mutter anvertrauen zu können, diese verwirrenden Gedanken mit ihr zu teilen und mit ihrem Beistand bei einigen der nun notwendigen Schritte rechnen zu können. Die Möglichkeit einer Schwangerschaft und etwaiger sexuell übertragbarer Krankheiten müssen per Test ausgeschlossen werden, der Familienarzt übernimmt betroffen und einfühlsam diese Aufgabe. Von einem Beratungszentrum erhält Noras Mutter den Namen einer Therapeutin, die mit »Date rape«-Fällen Erfahrung hat.

Es dauert weitere drei Tage, ehe Noras Mutter den Mut faßt, auch ihren Mann einzuweihen. Wie wird er reagieren, wenn er von dieser Attacke auf seine heißgeliebte, wohlbehütete Tochter erfährt? Tatsächlich trifft es ihn hart. »Er ist hinausgegangen und hat in seiner Wut den halben Garten aufgegraben.« Danach fängt er an, die gesetzlichen Möglichkeiten zu recherchieren.

Die Familie und ein paar eingeweihte Vertraute stellen sich auf einen langen Prozeß der seelischen Genesung ein, doch Nora überrascht. Nach zwei Wochen setzt eine fast sichtbare Besserung ein. Sie ist wieder unternehmungslustig, bekommt die Hauptrolle im neuen Stück der Theatergruppe, zieht sich nicht mehr in ihr Zimmer zurück. Weiteren gutgemeinten Zuwendungs- und Betreuungsversuchen schiebt sie freundlich, aber bestimmt den Riegel vor. Zwar geht sie regelmäßig weiterhin zur Therapeutin, »weil die nett ist und man gut mit ihr reden kann«, aber gleichzeitig merkt sie an, daß eigentlich Sven eine Therapie nötiger hätte als sie. Sein Verhalten könne man ja wohl nur als ziemlich gestört beschreiben, oder? Sie habe blöd reagiert. Der scheine ja nicht einmal begriffen zu haben, was lief. Der habe danach noch angerufen und wolle sie wiedersehen! Der sei ja komplett weggetreten!

Von einer Anzeige will Nora nichts wissen. Das würde sie zu sehr aufregen, meint sie. Außerdem ist sie nicht dumm, sie kann doch beurteilen, wie die Sache auf Außenstehende wirken muß. Sie ist alleine mit ihm in seiner Wohnung geblieben, hat nicht geschrien, hat keine Verletzungen. Man wird ihr nicht glauben, und die ganze Prozedur wird sehr unangenehm und peinlich sein. Das will sie sich nicht antun. Mit einer Sachlichkeit, die ihren Vater ein bißchen erschreckt, bespricht sie mit ihm die Alternativen. Ihre eigenen Gefühle habe sie jetzt im Griff, sagt sie, und das Erlebnis sei verarbeitet. Was sie jetzt noch stört, ist die Wahrscheinlichkeit, daß Sven in Zukunft bestimmt auch andere Mädchen attackieren wird. Wenn sie nichts gegen ihn unternimmt und er keinerlei Konsequenzen erlebt, dann macht sie sich irgendwie mitschuldig an seinen späteren Missetaten. Sven muß in eine Therapie, und wenn er nicht freiwillig geht, weiß ihr Vater vielleicht ein rechtliches Mittel, um ihn dazu zu bewegen. Man kann ja vielleicht mit einem Prozeß drohen.

Noras Besonnenheit löst in ihrer Familie und im Freundeskreis Verwirrung aus. Der offiziellen Linie zufolge muß sie ihr Erlebnis aufarbeiten, und zwar länger als zwei Wochen. Sie darf es nicht verdrängen, das rächt sich später.

Sie hat ein sehr unangenehmes, traumatisches Erlebnis gehabt. Sie selbst hat eine Serie von Fehlern gemacht, die zu diesem Erlebnis beitrugen. Sie weiß jetzt, daß sie sich genauer überlegen muß, warum sie sich von einer bestimmten Art von »aufregend-gefährlicher« Person angezogen fühlt. Mit ihrer Therapeutin bespricht sie, wie man besser auf die eigene Intuition hört und welche Möglichkeiten der Reaktion und der Selbstverteidigung es gibt.

Das entschuldigt Sven keineswegs und heißt auch nicht, daß sie »selber schuld« ist am Vorgefallenen. Sie weiß, daß sie sich mit dem Ereignis gründlich auseinandersetzen muß, wenn es keinen Schatten über ihr weiteres Sicherheitsgefühl und sexuelles Leben werfen soll. Aber auch Noras Instinkt, die Angelegenheit nicht überzubewerten, sondern so schnell wie möglich wieder zu sich selber zu finden, ist ein sehr gesunder. Das sind Gratwanderungen, die dieser jungen Frau aber allem Anschein nach gut gelingen.

Seit dem Vorfall sind jetzt zwei Jahre vergangen, und Nora geht es prächtig. So prächtig, daß sie für uns ein Anlaß war, unser bisher unhinterfragtes Denken über die Bewältigung von Vergewaltigungen in Frage zu stellen.

Was bedeutet ein Ereignis? Wie nahe lasse ich es an mich heran? Wieviel Platz schenke ich ihm im Fotoalbum meines Lebens? Nora lebt zum Glück nicht mehr in einem Zeitalter, das ein Mädchen nach einer Vergewaltigung für

»entehrt« oder sonstwie abgewertet hält. Es war uns eine große persönliche Freude festzustellen, wieviel sich hier zwischen unserer Generation und der nächsten geändert hat: Nora und ihre Freundinnen reagierten deutlich sachlicher als typische Mädchen vor zwanzig Jahren. Ihre Reaktion war so besonnen, daß ihre Mutter und andere Frauen im Alter der Mutter zunächst nicht so recht daran glauben wollten. Nora und ihr Freundeskreis empfanden Wut und Verachtung für Sven. Ihre Familie war besorgt und solidarisch, die Therapeutin war hilfreich. Gesundheitliche Konsequenzen waren zum Glück nicht erfolgt. Damit war das Problem optimal abgedeckt, denn ungeschehen kann man etwas nicht machen. Nun lag es an Nora. Sie hatte die Option, sich als Opfer zu definieren und ihren weiteren Weg immer in Referenz auf dieses Ereignis zu leben. Das widerstrebte ihr, was ein richtiger und gesunder Impuls ist. Um sie zu zitieren: »So wichtig ist der Typ gar nicht«, daß er jetzt zum unvergeßlichen Antihelden ihrer Biographie werden sollte, sein Fehlverhalten zum zentralen Ereignis ihrer Jugend.

Ereignisse sind objektiv, unsere emotionale Verarbeitung und unsere Definition dieser Ereignisse aber liegen an uns – und an unserer Zeit, unserer Kultur und unserem Umfeld. Wir können sie aufwerten oder abwerten, daraus ein Drama machen oder sie hinunterspielen, sie immer wieder aufwärmen oder sie kaltstellen. Auch wenn es dem gängigen Psychodenken widerspricht: Manche Gefühle gehören im Keller vergraben, im Kühlschrank auf Eis gelegt, im Kamin verbrannt.

Das gilt ganz besonders für etliche der besonders typischen weiblichen Schicksalsschläge. Viele der klassisch weiblichen »Tragödien« sind durch die Frauenbewegung ein gutes Stück weniger tragisch geworden, wofür wir alle dankbar sein sollten. Wer es nicht glaubt, soll ins Theater gehen. Ganz besonders aufschlußreich und sehr empfehlenswert ist es z. B., ein Stück von Oscar Wilde zu besuchen. Seine brillant-ironischen Dialoge machen ihn zeitlos, aber der Inhalt seiner Stücke ist heute kaum noch nachvollziehbar. Wir sind schon in Vorführungen gewesen, kürzlich in »A Woman of No Importance«, in denen das Publikum bei einer tragisch gemeinten Passage unwillkürlich lachen mußte, weil es so irreal überdramatisiert klang. In den Stücken von Oscar Wilde, und in dem England seiner Zeit, nahmen Frauen jedes Opfer auf sich, um vor ihrer Umgebung zu verbergen, daß sie die Mutter eines unehelichen Kindes waren. Sogar wenn sie unschuldig in diese Situation geraten waren, weil sie belogen und getäuscht wurden, wurden sie von der Gesellschaft andernfalls gnadenlos ausgestoßen, während der Verursacher ihrer »Schande« weiterhin Karriere machen durfte und als makelloser Gentleman galt. Nicht nur seinen Heldinnen, auch Oscar Wilde selber würde es bei uns im 20. Jahrhundert erheblich bessergehen. Seine persönliche Tragödie würde heute nicht mehr stattfinden.

Kennen Sie seine Geschichte? Zuerst wurde Oscar Wilde von der Gesellschaft gefeiert und lebte in Wohlstand mit seiner Frau und seinen zwei Kindern. Aber er hatte ein Geheimnis; eigentlich war er homosexuell. Als dies durch eine unglückliche Serie von Zufällen öffentlich wurde, kam er dafür vor Gericht. Er verlor alles. Sein gesamter Besitz wurde beschlagnahmt, er kam ins Gefängnis und starb an den Schäden der Inhaftierung und der darauf folgenden Armut. Oscar Wilde lebte und schrieb in einem Zeitalter mit weitaus strengeren Regeln, mehr Heuchelei und einem engen sozialen Korsett. Vieles davon hatte speziell mit Frauen und mit Sexualität zu tun. Seit damals haben sich die Wertungen in vieler Hinsicht grundsätzlich verlagert. Ereignisse, die damals den Ruin der betroffenen Person bedeuteten, wären heute bloß eine triviale Fußnote.

Ereignisse sind also an ihre Zeit und ihre Kultur gebunden. Sie sind auch an die Umstände gebunden. Das erkannten wir besonders deutlich, als wir während des Bosnien-Konflikts ein Flüchtlingsprojekt durchführten. Sehr viele Frauen waren im Zuge der Invasion ihrer Dörfer, einer Gefangennahme oder ihrer Flucht vergewaltigt worden. In diesem Krieg wiederholten sich einige Szenarien immer wieder. In manchen Ortschaften lebten fast nur noch Frauen, Kinder und alte Leute, weil die Männer im Krieg waren. Diese Orte konnten vom Feind überfallen und besetzt werden. Auch in anderen Fällen hat die Besatzungsmacht sofort die Männer vom Rest der Bevölkerung getrennt. In anderen Fällen wußte ein Ort vom Nahen des Feindes, und die Bevölkerung, wieder meist Frauen, Kinder und Alte, begab sich auf die Flucht. Oftmals wurden sie unterwegs gefangengenommen und in Lager gesperrt oder von Soldaten überfallen. Kontakt mit feindlichen Soldaten bedeutete für Frauen sehr oft eine Vergewaltigung.

In unseren Interviews ließen wir uns den Fortgang der ethnischen Säuberungen und der Flucht erzählen. Dabei stach uns die Art und Weise ins Auge, in der die Frauen über diese Vergewaltigungen berichteten.

Statt sie irgendwie hervorzuheben, stellten sie diese Angriffe auf ein und dieselbe Stufe mit anderen brutalen Handlungen. Sie wurden von ihnen entsexualisiert wahrgenommen als Bestandteil der Aggression gegen ihre Gesamtgruppe: Kinder wurden mit Gewehrschüssen erschreckt, Männer zusammengeschlagen, Frauen vergewaltigt, alles Teil desselben gewalthaften Ablaufs. Die Vergewaltigungen wurden in eine Aggressionsskala eingestuft – viel schlimmer, als nur beraubt oder terrorisiert zu werden, aber viel weniger schlimm, als Angehörige zu verlieren. Sie wurden ohne Ambivalenz erzählt, in der Zuversicht, daß das Unrecht der Täter feststand. Es ging nicht um eine sexuelle Handlung, sondern um eine kriegerische. Die Reaktion der Weltöffentlichkeit war hier hilfreich. Bosnien war der erste internationale Konflikt, in dem Vergewaltigungen öffentlich abgehandelt wurden als Kriegsverbrechen. Wie im einzelnen Fall bei Nora, zeigte sich hier in der Summe wieder ein Fortschritt zumindest in der Wertigkeit. Die Opfer mußten nicht verschämt ihr Erlebnis verschweigen, sondern eine breite internationale Öffentlichkeit klagte die Täter an.

Die emotionale Bedeutung eines lebensgeschichtlichen Ereignisses ist nicht absolut. Sie hängt davon ab, was die für uns wichtigen Personen darüber denken, wie unsere Zeit und unsere Gesellschaft solche Vorfälle beurteilen. Sie hängt aber auch von unserer Persönlichkeit und unserem individuellen Entschluß ab. Wir können mit entscheiden, wie sehr und für wie lange wir uns von einem Ereignis beeinträchtigen lassen werden.

Nora hat beschlossen, sich ihren jugendlichen Elan und ihre Lebensfreude durch Sven nicht ruinieren zu lassen. In den ersten Stunden und Tagen haben ihre Gefühle – Wut, Enttäuschung, Selbstvorwurf – sie überwältigt, doch dann gelang es ihr, wieder Herrin ihrer Gefühle zu werden. Sie ließ sich nicht von dem Ereignis beherrschen, sondern rückte es zurecht und schob es an eine weniger prominente Stelle.

Das ist nicht dasselbe wie Verdrängung. Zugegeben, in vielen Fällen handelt es sich um eine Gratwanderung. Verdrängung kann schädlich sein, weil Unverarbeitetes zurückbleibt, das irgendwann zum Problem werden könnte. Bei einer Entscheidung, ob ein Ereignis bereits auf Eis gelegt werden kann oder noch bewältigt werden muß, ist folgende Checkliste hilfreich. Wir fragen uns:

- Welchen Fehler habe ich gemacht, der zum Entstehen dieser negativen Situation beitrug? Wie kann ich ihn in Zukunft vermeiden? Wie würde ich reagieren, wenn etwas Ähnliches noch einmal vorfallen sollte?
- Welche Schritte muß ich nun setzen, um den Schaden für mich zu begrenzen? Habe ich alles getan, was ratsam und notwendig ist?
- Wenn mir vorübergehend die emotionale Kraft fehlt, um einen dieser Schritte zu setzen, von wo kann ich mir Beistand holen?
- Welches Bedürfnis empfinde ich aus mir heraus? Nach Rache? Ruhe? Verständnis? Einer physischen oder psychischen Zuwendung? Wie kann ich es mir erfüllen?

Wenn wir das alles abgedeckt haben, dann sind wir mit dem Ereignis theoretisch fertig. Denn das ist alles, was wir im nachhinein tun *können*. Den meisten schlimmen Erlebnissen ist nichts hinzuzufügen. Darüber hinaus brauchen die störenden Vorfälle nur Zeit – Zeit, um den Schock und Schmerz zu verkraften, Zeit, um einen Abstand zu schaffen, der sie in unserer psychischen Optik kleiner und kleiner werden läßt wie eine Landschaft, die wir mit unserem rollenden Eurocity weiter und weiter hinter uns lassen, bis sie gänzlich verschwindet.

Kapitel 7

Frauen hört die Signale:
»Komische Gefühle« und warum wir
darauf hören sollten

Die wenigsten persönlichen Rückschläge und Enttäuschungen
kommen plötzlich und aus heiterem Himmel. Meist gab es genug
Vorwarnung und mehr als genug Zeit, um in Deckung zu gehen.
Wie diese Warnungen klingen, und warum wir so oft darauf verzichten, sie rechtzeitig zu hören, davon mehr in diesem Kapitel.

Sie sind irgendwo: in der U-Bahn, auf der Straße, in einer
Wohnung, im Auto eines neuen Bekannten, in einem Lo-
kal. Irgend etwas geschieht, jemand tut etwas, sagt etwas
oder sieht Sie in einer bestimmten Art und Weise an, die
in Ihnen ein Gefühl des Unbehagens hervorruft. Der Anlaß ist aber undeutlich. Viellicht bilden Sie sich das Ganze
nur ein. Vielleicht ist die Sache ganz harmlos – aber es
fühlt sich nicht so an, es fühlt sich schlecht an. Nur: darauf zu reagieren, durch Flucht oder Konfrontation oder
abruptes Weggehen, erscheint ein bißchen drastisch. Es
könnte sogar peinlich sein. Sie könnten hysterisch wirken
oder unfreundlich oder arrogant oder paranoid. Sie drük-
ken das Gefühl weg.

Mir ist das auch schon passiert, vor Jahren. Es war 11 Uhr
vormittags, und ich lebte damals in New York. Ich wollte
mit der U-Bahn von der Columbia Universität in die Stadt-
mitte am anderen Ende des Broadway. Ich wartete absichtlich auf einen der vorderen Waggons, weil man dort er-

fahrungsgemäß immer einen Sitzplatz bekam. Mein Plan ging auf, als die U-Bahn einfuhr, war der mittlere Teil gut besetzt, aber die drei vordersten Waggons waren gänzlich leer. Ich setzte mich hin und hatte gerade mein Buch aufgeschlagen, als mit großer Hektik drei junge Männer in den Waggon sprangen. Zwei stiegen sofort wieder aus, der dritte sah sich ganz genau um, lief ihnen dann aber nach. Mich überkam ein starkes Gefühl der Beunruhigung, aber ich sagte mir, daß die drei Männer ja wieder ausgestiegen waren und ich ihr merkwürdiges Verhalten daher vergessen könne. Die Türen schlossen sich, die U-Bahn fuhr los, ich vertiefte mich in meinen Roman, und ehe ich mich versah, platzten die jungen Männer durch die Verbindungstür zum Nebenwaggon und stürzten sich auf mich. Ich wußte nicht, was sie wollten. Meine Handtasche? Mich umbringen? Und hatte auch weder die Zeit noch die Möglichkeit zu reagieren. Langsam, durch meinen Schock hindurch, dämmerte mir, daß der eine an der Goldkette um meinen Hals herumriß, während die anderen beiden nur danebenstanden. Er zog und fetzte und riß, aber die Kette hatte einen komplizierten Verschluß und gab nicht nach, also sprangen die drei bei der nächsten Station aus dem Waggon und liefen davon. Ich blieb zurück, mit blutig aufgerissenen Striemen am Hals.

Die Polizisten, die mich schließlich aufklaubten, waren lieb und mitfühlsam, aber nicht erstaunt. Sie tupften kopfschüttelnd mit einem antiseptischen Mittel an meinem aufgeschürften Hals herum, gaben mir zur Beruhigung ein Glas Wasser und erzählten mir, daß sich ganze Banden auf diese schnelle, meist erfolgreiche Art des Raubes spezialisiert hatten. Die meisten Goldkettchen geben auf einen scharfen Zug sofort nach. Nachdem sie noch eruierten, daß ich als potentielle Zeugin absolut untauglich war – ich hatte mir absolut gar nichts über meine Angreifer gemerkt, außer daß sie jung und zu dritt und schwarz waren –, schickten sie mich mit väterlich-freundlichem Zuspruch nach Hause.

Und ich? Ich hatte eine Menge gelernt. Ich hatte gelernt, meine jugendliche Arroganz (»*mir* kann nichts passieren«) zu hinterfragen und besser auf meine Sicherheit im städtischen Alltag zu achten, was zwar in gewisser Hinsicht traurig und ernüchternd war, mir aber möglicherweise spätere und schlimmere Erlebnisse ersparte. Ich hatte gelernt, sehr viel realistischer und freundlicher über andere Gewaltopfer zu urteilen. Ich hatte weder mutig reagiert noch mich irgendwie gewehrt, noch wenigstens intelligent meine Angreifer studiert, um sie später identifizieren zu können, sondern hatte komplett versagt und nur wie ein gelähmtes Kaninchen mein Schicksal erwartet. »Warum hat sie sich nicht gewehrt?« Diese Frage zumindest sollte mich in meiner späteren Arbeit mit Gewaltopfern nie mehr behindern. Weil der Schock über einen unprovozierten, unerwarteten Angriff einen friedfertigen Menschen komplett lähmt, und man seine Tochter daher dringend in einen Wen-Do-Kurs schicken sollte, damit sie wehrhafte Reaktionen erlernt.

Und noch etwas hatte ich gelernt. Daß es ein Gefühl gibt, ein ganz eigenes Gefühl, in irgendwelchen Dschungelurzeiten der Menschheit geboren und seither Teil unserer genetischen Mitgift, das uns vor gefährlichen Situationen warnt. Es hat keinen Namen. Wenn überhaupt, dann wird es als »komisches Gefühl« umschrieben, was eine sehr undankbare und ungerechte Formulierung ist, denn das Gefühl ist gar nicht komisch, auch nicht irrational. Es ist nur schnell, sehr schnell, schneller als unser Kopf. Auch mein Kopf hätte zu jenem Ergebnis kommen können, das mein »komisches Gefühl« mir nahelegen wollte. Mein Kopf hätte erkennen können, daß es eigenartig war, mit welch hektischen, fahrigen Bewegungen die drei jungen Männer in den Waggon sprangen. Jemand, der einen Platz sucht, weil er eine ganz normale unschuldige U-Bahn-Fahrt unternehmen will, bewegt sich nicht so. Es war eigenartig, daß der dritte Mann so ausführlich den Waggon studierte, obwohl es da nichts Interessantes zu sehen gab. Es war eigenartig, daß sie wieder ausstiegen, zuerst zwei von ihnen, dann gefolgt vom dritten. Warum stiegen sie aus? Und wenn schon, warum nicht gemeinsam? Wenn sie z. B. erkannt hatten, daß sie in die falsche U-Bahn eingestiegen waren, dann hätten sie sich doch gegenseitig davon in Kenntnis gesetzt, diese drei hatten aber kein einziges Wort miteinander gewechselt. Und so erklärt sich auch noch der Ausdruck »ein komisches Gefühl«. Nicht das Gefühl ist komisch, sondern das Gefühl sagt uns, daß etwas komisch ist. Und zwar sagt es uns dies blitzschnell, damit wir die Chance haben, sofort zu reagieren, am besten durch Flucht. Das Gefühl könnte sich eventuell argumentativ begründen, aber das dauert. Wenn der Kopf erst anfangen muß, über das Gefühl nachzudenken, die einzelnen Elemente zu analysieren, die dem Gefühl komisch erscheinen, dann ist es meist schon zu spät, und das Tier – auch der Mensch – ist schon längst gefressen, beraubt, vergewaltigt, erschossen etc. Die einzige intelligente Reaktion auf dieses Gefühl ist es daher, ihm zu gehorchen, und zwar sofort. Später, in Muße und in Sicherheit, kann man dann überlegen, ob man vorschnell war oder nicht.

Das »komische Gefühl« ist nicht untrüglich, aber es

lohnt sich darauf zu hören. Schließlich müssen wir auch bedenken, daß das Gefühl sich nicht beweisen kann: wenn wir darauf hören, und uns aus einer Situation zurückziehen, können wir in den meisten Fällen nie wissen, ob andernfalls etwas passiert wäre oder nicht. Nehmen wir z. B. an, ich hätte auf mein Gefühl gehört. Ich wäre dann schnell aus meinem leeren vorderen Abteil ausgestiegen und zu einem anderen, mittleren Zugabteil gelaufen. Vielleicht hätte ich es nicht mehr geschafft, sondern hätte auf die nächste U-Bahn warten müssen. Die Stationen stehen unter Videoüberwachung, meine drei Räuber hätten mich am Bahnsteig nicht belästigt. Ich hätte in Sicherheit gewartet und wäre danach in einen besetzten Waggon eingestiegen, zur Sicherheit vielleicht in den Mittelwagen mit der Zugbegleitung, und die drei Männer hätten sich ein anderes leichtes Opfer gesucht. Ich aber hätte nie erfahren, daß mein Gefühl berechtigt und ich einem Angriff entkommen war. Vielleicht hätte ich mich geärgert, daß ich wegen meinem »hysterischen Angstanfall« die spätere U-Bahn nehmen mußte. Alles Einbildung, hätte ich mir vielleicht gedacht.

Bei meinem Entschluß, nicht auf mein Gefühl zu hören, mag noch etwas anderes eine Rolle gespielt haben. Als junge linksliberale Feministin wollte ich nicht davon ausgehen, daß drei schwarze Männer automatisch etwas Böses im Sinn haben und Gefahr signalisieren. Das wäre rassistisch gewesen. Diese Art von Gedankengang gehört in eine Kategorie, die Frauen besonders oft zum Verhängnis wird, nämlich in die erweiterte Kategorie der Höflichkeit. Solange eine Situation auch nur ein bißchen zweideutig erscheint, ist es unhöflich, dem anderen eine böse Absicht zu unterstellen. Und es ist unweiblich, wenn eine Frau die freundliche Geste eines Mannes schroff ablehnt.

Diese Dynamik wurde Nora zum Verhängnis, unserer 15jährigen aus Kapitel 6. Sie stolperte von einer kleinen Höflichkeits- und Freundlichkeitsfalle in die nächste, bis es zu spät war. Wäre sie sofort nach Hause gegangen, als sich herausstellte, daß Svens Eltern an diesem Abend gar nicht daheim sein würden, so hätte das einen unhöflichen, unfreundlichen und zickigen Eindruck gemacht. Zentimeterweise arbeitete sich Sven vorwärts zu seinem Ziel, unter Mißachtung ihres Willens, indem er sie immer wieder vor die Wahl stellte, ihm nicht zu glauben und damit unhöflich und unfreundlich zu sein. Er wollte ja nur mit ihr essen, nur mit ihr Musik hören, sie nur ein bißchen umarmen. Nora fand keine Grenze, die ihr den einzigen effektiven Widerstand ermöglicht hätte, nämlich ein Weggehen. Denn sie hätte damit zum Ausdruck gebracht, daß sie Sven nicht vertraut. Der war, wie sich herausstellen sollte, auch keineswegs vertrauenswürdig, und es wäre absolut angemessen gewesen, ihm nicht zu vertrauen. Wäre sie rechtzeitig weggegangen, hätte sie diesen Beweis aber nie gehabt. Sie hätte damit leben müssen, daß Sven sie als ungerecht, neurotisch und verklemmt darstellt, als hysterisches Mädchen, das in jedem Mann einen Vergewaltiger vermutet. Mit Svens bösen Vorwürfen hätte es sich letztlich aber leichter gelebt als mit den Folgen ihrer Höflichkeit, und das sollten sich Frauen vor Augen halten.

Das obengenannte »komische Gefühl« gehört zu unserem Frühwarnsystem, das unsere Sicherheit erhöht und unseren Umgang mit anderen Menschen auswertet. Zu diesem System gehört auch die Intuition, die mit dem »komischen Gefühl« eng verwandt ist. Wir neigen dazu, Intuition nicht ganz ernst zu nehmen. »Ich habe intuitiv gespürt...« – das gehört in den Bereich von Hokuspokus, nicht von seriöser Entscheidungsfindung. Dabei ist auch die Intuition nichts anderes als eine Kette von faktischen Wahrnehmungen, die uns zu schnell erreicht, als daß wir sie präzise auflisten, studieren und addieren könnten.

Eine intuitive Botschaft können Sie sich so vorstellen: Sie stehen da, und Leute rufen Ihnen Zahlen zu. 15, 30, 8, 90, 59. So schnell können Sie die Summe im Kopf nicht ausrechnen, aber ab einem bestimmten Punkt wissen Sie ganz genau, daß die Summe ganz bestimmt die 100er-Grenze überstiegen hat. Intuition ist eine Schlußfolgerung, die auf Fakten beruht, die so schnell auf Sie einwirken, daß Sie keine Detailangabe machen können. Und nicht nur die Geschwindigkeit ist der Grund, warum Sie den dahinterliegenden Gedankengang nicht sofort rekonstruieren können. Ohne starken Filter könnten Sie im Alltag nicht bestehen, weil die Fülle der Eindrücke Sie permanent ablenken würde. Sie können nicht bewußt auf alles achten. Jeder Augen-Blick bombardiert Sie mit Tausenden von potentiellen Eindrücken. Sie können nicht alles beachten. Die meisten Eindrücke ignorieren Sie, aber Ihre Wahrnehmung ist trotzdem auf der Hut nach Mustern. Wenn sich ein paar scheinbar zufällige, scheinbar bedeutungslose Eindrücke zu einem zusammenhängenden Muster fügen, wenn ein paar zusammenhangslose Stücke scheinbar zusammenpassen, schlägt Ihre Wahrnehmung Alarm.

Der Kriminalforscher de Becker gibt ein Beispiel: Ein Mann betritt einen Schnellimbiß. Es ist Abend. Im Laden sieht alles ganz normal aus. Hinter der Theke wartet ein Angestellter, etwas abseits steht der einzige Kunde und hat scheinbar noch nicht bestellt. Den Mann überkommt ein komisches, aber starkes Gefühl von Gefahr, scheinbar komplett grundlos. Niemand schreit um Hilfe, niemand benimmt sich bedrohlich. Trotzdem folgt der Mann seiner Intuition und verläßt den Laden. Er kommt sich ziemlich blöd vor dabei. Seit wann ist er ein solcher Angsthase und Hysteriker?

Einige Stunden später hört er in den Spätnachrichten, daß in diesem Imbiß ein Überfall stattfand und ein Passant erschossen wurde.

Der geschockte Mann meldet sich daraufhin bei der Polizei als Zeuge. In der Befragung läßt sich rekonstruieren, was ihm – unbewußt – aufgefallen war. Da war erstens der Habitus des Angestellten. Der hatte zwar nichts gesagt und sich auch nicht getraut, etwas zu signalisieren, aber trotzdem waren seine Bewegungen nicht »normal« gewesen. Auch hier hätte man, gäbe es eine Videoaufzeichnung, dieses »nicht normal« empirisch griffig machen können. Die Weite seiner Pupillen, die fahrigen Bewegungen, die Art und Weise, in der er den eintretenden neuen Kunden nur kurz mit einem Blick streifte und sofort wieder auf den anderen Kunden schaute, obwohl dieser scheinbar nur im Raum herumstand. Das alles waren Fakten, die der Zeuge blitzschnell registriert, aber noch nicht mit dem Verstand verarbeitet hatte. Dann die Jacke, die der Kunde trug. Die war viel zu dick und warm für den lauen Frühlingsabend, aber gut dazu geeignet, darunter eine Waffe zu verbergen. Von seinem bewußten Hirn längst vergessen, aber unterbewußt noch gespeichert, war da schließlich noch die Tatsache, daß der Mann am gegenüberliegenden Eck ein Auto gesehen hatte, in dem zwei Männer saßen und scheinbar auf irgend etwas warteten – das Fluchtauto, wie sich später herausstellte.

Dieser Zeuge hatte also eine Serie von Warnsignalen erhalten. Da ist etwas komisch, da paßt etwas nicht, dies ist irgendwie seltsam, meldete seine Wahrnehmung. Solche Meldungen sind nicht dazu gedacht, sorgsam aufgelistet und analytisch begutachtet zu werden. Dafür bleibt in Gefahrensituationen keine Zeit. Sie gehören zu einer primitiveren und trotzdem sehr komplexen Schicht unseres Intellekts und dienen dem Überleben. Erst flüchten, dann nachdenken, lautet hier die Devise. Wenn die Meldungen, daß irgend etwas nicht normal zu sein scheint, ein gewisses Maß übersteigen, empfiehlt dieser alte Intellekt als präventive Vorsorgemaßnahme sicherheitshalber die Flucht. »Mensch, du hast aber Glück gehabt«, meinten die Freunde des Zeugen, als sie von seinem knappen Entkommen erfuhren. Das war aber keineswegs Glück.

Gavin de Becker stellt in seinem Buch *Mut zur Angst* fest, daß die Menschen die einzigen Lebewesen seien, die die Gabe der Intuition belächelten und herunterspielten, statt ihr dankbar zu gehorchen.[1] Das läßt sich erklären. Als soziale Wesen ist es für uns wichtig, uns anzupassen und von den anderen angenommen zu werden. Daher stehen wir unter starkem sozialen Druck. Wenn wir Gefahrensignale im Alltag ignorieren, dann meist deshalb, weil unsere soziale Angst mittlerweile stärker ausgeprägt ist als unsere physische Angst. Wir wollen uns nicht lächerlich machen. De Becker weiß zahlreiche Fälle, in denen

1 Gavin de Becker, *Mut zur Angst. Wie Intuition uns vor Gewalt schützt*, Wolfgang Krüger Verlag, Frankfurt a. M. 1999, S. 50.

Frauen ihren späteren Angreifer rechtzeitig sahen und ein
»schlechtes Gefühl« hatten, sich aber trotzdem einer massiv gefährlichen Situation aussetzten, weil sie meinten,
nicht genug rationale Gründe für Flucht oder Vermeidung
zu haben. Oft waren das Situationen, in denen ihre
»Flucht« niemandem aufgefallen wäre und daher höchstens in ihren eigenen Augen Peinlichkeit erzeugt hätte.

»Er sieht ganz O.K. aus«, denkt die Frau sich, zöger-
lich. Dabei hat ihr Unterbewußtes schon längst vier oder
fünf Hinweise dafür gesammelt, daß er alles andere als
O.K. ist. Ein weiteres Beispiel von de Becker:

Eine Frau wartet auf den Aufzug, und als die Tür sich
öffnet, sieht sie einen Mann, der ihr nicht geheuer ist.
Da sie sonst nicht ängstlich ist, kann es die späte
Stunde sein, seine Größe, die Art, wie er sie ansieht, die
Statistik der Überfälle in der Nachbarschaft, der Arti-
kel, den sie vor einem Jahr gelesen hat – es ist egal,
warum. Der Punkt ist, ein Gefühl der Furcht überkommt sie. Und wie reagiert sie auf das stärkste Gefah-
rensignal in der Natur? Sie unterdrückt es und sagt sich
selbst: »So will ich nicht leben. Ich werde diesen Mann
nicht dadurch kränken, daß ich die Aufzugstüren einfach wieder zugehen lasse.« Und wenn die Furcht sie
nicht verläßt, sagt sie sich selbst, daß sie nicht albern
sein soll, und sie besteigt den Aufzug.
Und nun die Frage, was alberner ist: einen Moment auf
den nächsten Aufzug zu warten, oder sich zu einem
Fremden, vor dem man Angst hat, in eine stählerne,
schallgedämpfte Kammer zu begeben?«[2]

2 ebenda, S. 50f.

Kapitel 8

Der Wolf im Wolfspelz:
Intuition, Leichtsinn und Partnerwahl

Die meisten Tränen, die Sie in Ihrem Liebesleben vergießen, hätten Sie sich ersparen können, wenn Sie bloß gehört hätten auf: nein, nicht Ihre Mutti (auf die vielleicht auch), nicht Ihre Großmutter, nicht Ihre Freundin, nicht auf uns (ist aber ebenfalls ratsam), sondern auf sich selber. Auf die klare und deutliche Warnung, die der Sensor Ihres eingebauten Sicherheitssystems Ihnen zusandte.

Tessa ist 47. Ihr erster Mann war humorlos, urteilend und diktatorisch, schon die ersten Rendezvous bestanden aus Vorträgen über richtiges Benehmen, die richtige Kleidung und die richtige Lebensplanung von Frauen. In ihr, der angehenden Krankenschwester, sah er eine geeignete Kandidatin für die Rolle der braven Ehefrau, ordnungsliebend, züchtig und zugewandt. Was sah Tessa in ihm?

»Seine Standpauken waren irritierend, aber er war so solide. Ich dachte, auf diesen Mann kann man sich verlassen. Irgendwann wird er des Nörgelns müde werden.«

Sie heiratete Dieter, nicht weil sie sich mit ihm so wohl fühlte, sondern weil sie glaubte, in ihm einen verläßlichen Partner gefunden zu haben und sich an der Seite eines solchen in Zukunft gut aufgehoben zu fühlen. Daß er jetzt schon schimpfte und diktierte, als er noch verliebt und verklärt war und vermutlich einen guten Eindruck machen wollte, beachtete sie nicht.

Jedenfalls ging Tessas Rechnung in keiner Hinsicht auf. Weder hörte er zu nörgeln auf noch war er solide und verläßlich. Was Ordnung und Verantwortungsgefühl betraf, war Tessa ihm haushoch überlegen. Er schätzte diese Tugenden zwar, besaß sie aber nicht. Dieter änderte sprunghaft seine Ausbildungsrichtung und später seinen Beruf, war launenhaft und fand eigentlich erst zwölf Jahre später einigermaßen sein Gleichgewicht. Für Tessa zu spät. Sie hat mittlerweile genug, nimmt ihren zehnjährigen Sohn und die achtjährige Tochter und geht.

Zwei Jahre später lernt sie Iwan kennen. Iwan ist Röntgenassistent, kommt aus Georgien, hat einen charmanten Akzent und ein feuriges Auftreten. Viele Frauen interessieren sich für Iwan, auch Tessa. Er ist ganz anders als ihr Ex, was schon mal ein gutes Zeichen ist, findet Tessa. Sie hat gelesen, daß man immer wieder auf denselben Typus hereinfällt und daher immer wieder dieselben Fehler macht. Zwischen Iwan und Dieter aber gibt es nicht die geringste Ähnlichkeit. Das heißt, eine einzige vielleicht. Auch Iwan läßt vom ersten Moment an erkennen, daß Probleme lauern. Er ist an keiner festen Beziehung interessiert, verkündet Iwan laut und vernehmlich. Mit den Kindern eines anderen Mannes könnte er niemals eine Beziehung aufbauen, und mit ihrer Erziehung will er schon gar nichts zu tun haben. Er weiß gar nicht, ob er für die Ehe geeignet ist! Wahrscheinlich nicht! Zu ihm paßt am besten ein Partygirl, das, so wie er, nur Spaß haben will.

Wenn es eine Beschreibung gibt, die auf Tessa so ganz und gar nicht paßt, dann diese: Partygirl. Sie ist hübsch, das schon, aber sonst dringt ihr die Seriösität, der Ernst, der Verantwortungsgeist, der Arbeitseifer aus jeder Pore.

Wenn sie nicht gerade ihre Kinder versorgt oder im Krankenhaus ist, nicht gerade Notdienst hat oder im Amateurtheater ihres Ortes aushilft, wenn sie nicht im Garten arbeitet oder Vorhänge näht, dann ist Tessa meist in einem Computerkurs anzutreffen oder im Antiquitätengeschäft ihrer Freundin, wo sie am Wochenende aushilft. Ohnehin hat Tessas Tag eher dreißig vollgepackte Stunden. Was sie bräuchte, das wäre ein Partner, der sie entlastet, den sie in ihr ausgefülltes Leben integrieren kann, nicht ein Techtelmechtel mit einem bindungsunwilligen Antifamilienmenschen. Aber Tessa ist von Iwan hingerissen. Sie versichert ihm, daß sie keine Erwartungen hat. Nur seine Gesellschaft, nicht mehr.

Fast forward, acht Jahre später. Tessa hat soeben ihre Beziehung zu Iwan beendet. Das gemeinsame Kind, fünf Jahre alt, bleibt bei Tessa, mit regelmäßigen Besuchen bei Iwan und seiner stürmischen russischen Verwandtschaft. Nun hat Tessa drei Kinder, zwei Exmänner, einen vollen Job mit Nachtschicht, einen Teilzeitjob am Wochenende, einen Abendkurs und ein renovierungsbedürftiges Haus. Bis sie das alles in den Griff bekommt, vergehen weitere Jahre. So lange dauert es auch, bis Tessa überhaupt wieder das Wort »Mann« hören und an eine Beziehung denken möchte. Mittlerweile in Computerfragen sehr gebildet, faßt Tessa nun den Plan, ihren nächsten Partner in technisch aktueller Art und Weise, nämlich über das Internet zu finden.

Ihre Freundinnen heißen diesen Plan gut. Wunderbar. Nun kann sie sich einen Mann nach eigenen Vorstellungen suchen, endlich den Richtigen. Die Freundinnen überlegen, wie ein solcher Mann aussehen müßte, studieren die Kontaktanzeigen eines seriösen Servers und finden schnell einige vielversprechende Kandidaten. Der 50jährige Programmdirektor eines Museums, geschieden, zwei Kinder, wird Tessas kulturellen Interessen entgegenkommen und Verständnis haben für ihre Familienpflichten. Der 47jährige Pharmazeut, der in seiner Freizeit einen Vierkanthof restauriert und das Sorgerecht für die neunjährige Tochter hat, klingt fast so gut wie der 49jährige Programmierer, der Kinder mag und für sein örtliches Lokaltheater das Bühnenbild macht. Die Freundinnen sind mehr als perplex, als Tessa diese hoffnungsfrohen Anwärter vom Bildschirm fegt, ohne sie eines zweiten Blickes zu würdigen. Nein, sie sucht etwas ganz anderes. Maximal vierzig soll er sein, einen gesetzten Fünfziger kann sie nicht brauchen, da fühlt sie sich zu jung dafür. Renovieren und Kindersachen machen kann sie auch alleine, in erster Linie soll er attraktiv sein und groß, einen Mann unter 1,80 brauchen sie ihr gar nicht erst vorschlagen. Sie setzt sich selber zum Bildschirm, um die Annoncen zu sichten. Da, ruft sie nach ein paar Minuten. Der da, der könnte was sein. Die erstaunten Freundinnen beugen sich über den Bildschirm und blicken perplex auf die Annonce eines »großen, schlanken 34jährigen«, der »auf ältere Frauen steht«. Tessa braucht einen verantwortungsbewußten, seriösen Partner und sucht sich einen Gigolo? Darf das wahr sein?

Unsere bisherigen Beispiele von nützlichen und wertvollen Warnungen durch das »komische Gefühl« und die Intuition betrafen physische Gefahren. Aber als Menschen, die in der Zivilisation und nicht in der Wildnis leben, stellen wir mittlerweile höhere Ansprüche. Wir geben uns nicht mehr mit dem nackten Überleben zufrieden. Wir wollen außerdem noch glücklich sein, geschätzt und geliebt werden, einen netten Freundeskreis haben und einen lieben Partner und eine gutwillige Chefin und kollegiale Mitarbeiter. Wenn wir unsere Mitmenschen einschätzen und ihre subtilen Signale interpretieren, dann geht es uns nicht bloß darum festzustellen, ob sie uns vielleicht umbringen wollen. Wir möchten viel genereller wissen, ob sie vertrauenswürdig sind, ob man sich auf sie verlassen kann, ob ihnen zu glauben ist. Das sind Urteile, die wir ständig fällen. Kann dieser Mitarbeiterin eine vertrauliche Geschichte erzählt werden, oder ist sie eine pathologische Tratsche? Kann man mit dieser neuen Kollegin Mittagessen gehen, weil sie eine nette potentielle Freundin ist, oder wird sie sich zu einer lästigen langweiligen Klette entwickeln, die man nie mehr los wird?

Derselbe Prozeß der Begutachtung und Beurteilung findet statt, wenn es um Liebesbeziehungen geht. Und hier sollten wir meinen, daß Frauen über einen immensen natürlichen Vorteil verfügen. Schließlich ist das gesamte Terrain der zwischenmenschlichen Beziehungen ja angeblich unsere echte Heimat. Schließlich sind wir sensibel für die Gefühle anderer und für die eigenen, können wir Nuancen wahrnehmen, die Männer in ihrer elefantenartigen Tolpatschigkeit erst registrieren, wenn sie ihnen ziegelsteinartig auf den Schädel fallen. Angeblich können wir Stimmungen, Schwingungen, Zwischentöne empfinden, die uns in allen Aspekten der Zwischenmenschlichkeit einen unschätzbaren Wissensvorsprung bringen. Mag sein. Halten wir uns nicht mit ideologischen Debatten auf, begnügen wir uns mit der Feststellung, daß Frauen neben ihren eventuellen Vorteilen in diesem Bereich auch einige besondere Behinderungen mitbringen.

Ihr erstes Problem ist, daß sie einen bestimmten Ausgang oft zu sehr herbeiwünschen, um objektiv zu bleiben. Wenn ihnen z. B. ein Mann gefällt, oder wenn sie ganz dringend eine Beziehung haben möchten, dann *wollen* sie in diesem Kandidaten nur das Gute sehen und blenden das Schlechte resolut aus.

Das zweite Problem ist, daß Frauen in ihrer erotischen Beurteilung von Männern oft ganz bewußt gegen den Strom schwimmen und Dinge attraktiv und »sexy« und »süß« finden, die sonst im allgemeinen Widerwillen, Schrecken und Ablehnung verursachen. Ein aggressives, arrogantes, kühles – sogar ein irgendwie gefährliches Auftreten des Mannes wirkt auf viele Frauen ausgesprochen anziehend.

Auch das hat biologische Gründe. In der Tierwelt ist es oft so, daß ein gefürchtetes männliches Individuum gerade wegen seiner aggressiven Neigungen auch ein besonders guter Jäger ist und zum Führer seiner kleinen Horde avanciert, weil die anderen männlichen Individuen Angst vor ihm haben und ihn achten. Außerdem gibt es in der Tierwelt die weit verbreitete liebenswerte Praxis der männlichen Aggressionshemmung gegenüber dem Weiblichen. Das hat zur Folge, daß die Männchen zwar untereinander kämpfen und mit brutaler Gewalt ihre Rangordnungen etablieren, für die Weibchen aber tatsächlich viel weniger oder gar nicht gefährlich sind, weil die ihre eigene separate Hierarchie haben und von den Kämpfen der Männchen ausgespart bleiben.

Nicht bei allen, aber bei vielen Tierarten muß ein Weibchen sich nur als solches zu erkennen geben, um gemütlich durch das Terrain der kämpfenden Männchen schwimmen oder spazieren zu dürfen. Sie ist begehrt als

Sexualpartnerin und irrelevant für die männliche Rangordnung, daher wäre es dumm und sinnlos, ihr etwas anzutun. Für das Weibchen wiederum wird das aggressive Männchen ein attraktiver Partner aus den oben schon genannten Gründen: guter Jäger, hoch in der Rangordnung. An seiner Seite steigt sie auf und hat viel Futter.

Auch unter Menschen lebt dieser archaische Gedanke fort, hin und wieder können wir sein Wirken in Bild und Legende erkennen. Der grimmige Mafia-Fürst, der mit einem leisen Kopfnicken über Leben und Tod seiner Feinde bestimmt, vor dem Politiker und Geschäftspartner zittern, und an seinem Arm die strahlende Blondine, die sich gar nicht fürchtet, sondern mit koketten Gesten ihre Wünsche durchsetzt – hier haben wir ein typisches Sinnbild für diese Logik. Bis zu einem gewissen Grad genießen Frauen in ihrer Eigenschaft als Mutter, Schwester oder Geliebte ein Maß an Immunität bei einer bestimmten Kategorie von gefährlichen Männern. Aber die Realität gebietet, daß wir uns nicht allzusehr darauf verlassen. Statistisch gesehen sind Sie als Frau fast überall sicherer als zu Hause. Wenn Sie mißhandelt oder umgebracht werden, dann in den meisten Fällen durch Ihren intimen männlichen Lebenspartner. Aber wir wollen jetzt nicht mehr über Gefährdungen an Leib und Leben sprechen, sondern über Verletzungen an Gefühl und Seele.

Kann ich mit diesem Mann ein glückliches Zusammenleben erwarten? Ist er angenehm, entgegenkommend, fair? Wird er sich im Konfliktfall anständig benehmen und mir in schwierigen Situationen zur Seite stehen? Ist er ehrlich, und kann ich ihm glauben? Das sind die Fragen, die sich in der Anfangsphase eines gegenseitigen Kennenlernens stellen, und auch hier meldet sich, neben unserer bewußten Wahrnehmung, auch die Intuition. Die Sympathie, die »Chemie« und der persönliche Wunsch nach mehr Nähe mögen alle vorhanden sein. Die Optik mag stimmen. Und trotzdem kann das innere Sicherheitssystem sich mit deutlichen Warnungen melden.

Wenn das geschieht, bemerken Sie es ganz bestimmt. Die Warnung ist nicht leise, sondern ohrenbetäubend schrill. Sie verschlafen es nicht, überhören es nicht, mißverstehen es nicht, sondern Sie müssen schon leichtsinnig und mutwillig beschließen, Ihre Intuition nicht zu beachten. Und zwar wiederholt und so lange, bis es zu spät ist, bis Sie so tief in einer Situation drinstecken, daß es tatsächlich schwer sein wird, sich herauszulösen. An diesem Punkt gibt Ihr Frühwarnsystem, nach dem es sich in Ihrem Dienst ungedankt heiser geschrien hat, frustriert den Geist auf. Nun folgt eine Zeitstrecke, in der Sie vorübergehend vergessen dürfen, daß eine Ihnen wohlgesonnene Stimme jemals versucht hat, Sie zur Umkehr zu bewegen. Erst später, wenn Ihr ganzes ungeschicktes Liebes- und Lebenskonstrukt dabei ist, über Ihrem Kopf zusammenzubrechen, erinnern Sie sich vielleicht wieder an die Warnsignale zu Beginn. Dieses Kapitel widmen wir dem treuen inneren Warnsignal, auf daß es zu größerer Ehre komme und von Frauen mehr Beachtung erhalte.

Rikki ist seit zwei Jahren geschieden. Zuerst meinte sie, »von Männern für immer genug« zu haben, aber jetzt fühlt sie sich wieder reif für eine Beziehung. Versorgen kann sie sich selber, und sogar recht gut. In ihrer Ehe war sie zum Hausmütterchen mutiert, das soll nicht wieder passieren. In ihrer Arbeit mit behinderten Kindern hat

Rikki fast nur mit Frauen zu tun – Lehrerinnen, Sonder-pädagoginnen, Heilgymnastinnen. Jetzt aber ist Rikki ab-geordnet worden, um eine große Spendenkampagne zu organisieren. So lernt Rikki den Orthopäden Frank ken-nen.

Frank ist fünf Jahre jünger als Rikki und sehr attraktiv. Er sieht nicht nur gut, sondern wirklich außergewöhnlich gut aus. Rikki, die zwar hübsch ist, aber kein Model, ist nicht sicher, ob sie unter seine ästhetische Kategorie fällt. Mut macht ihr, daß er sich seines Aussehens nicht bewußt zu sein scheint. Er ist gar nicht eitel. Er scheint gar nicht zu bemerken, wie ihn die Augen der Frauen verfolgen. Das gibt es ja bekanntlich, weiß Rikki: Männer, die nicht stolz auf ihr Aussehen sind, weil sie Schönheit unmänn-lich finden. Vielleicht muß sie nicht Cindi Crawford sein, um bei ihm eine Chance zu haben.

Rikki tut alles, was der gute Ton erlaubt, um Frank zu zeigen, daß sie einer Einladung seinerseits nicht abgeneigt wäre. Aber er beißt nicht an. »Er ist entweder begriffs-stutzig, oder er will nicht«, meldet sie frustriert ihren Freundinnen. Die weisen Rikki darauf hin, daß eine Frau heutzutage ohne weiteres die Initiative ergreifen kann. So ermutigt, lädt sie Frank zum Essen ein. Es wird ein sehr netter Abend. Frank erzählt offen von seiner Scheidung, die ein Jahr zurückliegt. Um Abstand zu gewinnen, hat er sich versetzen lassen und ist hierher gezogen, 40 Kilome-ter von seinem bisherigen Wohnort. Das ist immer noch nah genug, daß seine beiden Söhne an den Wochenenden bequem zu ihm reisen können. Rikki gefällt, daß Frank in sehr reifer, ruhiger Art über seine Exfrau und die Schei-dung spricht. Denn wenn jemand noch mitten in den Tur-bulenzen der Trennung steckt, ist er nicht bereit für eine neue Beziehung. Es wundert sie ein bißchen, daß er überhaupt keine sexuellen Avancen gemacht hat, aber auch das gefällt ihr eigentlich. Sie findet es rücksichtsvoll. Der Abend endet mit dem beidseitigen Vorsatz, bald wieder etwas gemeinsam zu unternehmen.

Einige Wochen vergehen, ohne daß Frank sich meldet. »Es wäre mir lieber, wenn diesmal er den ersten Schritt tut«, überlegt Rikki. Doch dann bedenkt sie, daß er gerade erst einen Umzug und einen Jobwechsel vorgenommen hat. Die Besuchswochenenden mit den Kindern beanspruchen ihn ebenfalls. Bestimmt ist er sehr beschäftigt. Rikki beschließt ihn anzurufen, »nur um zu plaudern«.

Am Telefon ist Frank sehr nett. Er scheint sich zu freuen, daß sie sich gemeldet hat, schlägt aber kein Treffen vor. Rikki lädt ihn zum Abendessen zu sich in die Wohnung ein. Wieder wird es ein netter Abend. Rikki und Frank lachen viel, erzählen sich alles mögliche und verstehen sich gut. Um elf Uhr verabschiedet sich Frank mit einem freundschaftlichen Küßchen und – läßt nichts mehr von sich hören.

Nun raten Rikkis Freundinnen ihr, die Sache bleiben zu lassen. Die Initiative ergreifen ist gut, jemandem nachzulaufen ist schlecht. Aber Rikki tut sich schwer mit diesem Ratschlag. »Ich weiß genau, daß wir uns gut verstanden haben. Ich weiß, daß er gern mit mir zusammen ist. Das bilde ich mir bestimmt nicht ein.« Sie denkt viel über Franks paradoxes Verhalten nach. Er sagt immer gleich ja, wenn sie ein Treffen vorschlägt. Er ist gesprächig und amüsiert sich gut mit ihr. Die plausibelste Erklärung ist immer noch, daß er zu beschäftigt und von den Veränderungen in seinem Leben zu aufgefressen ist, um sich sozial normal zu verhalten. Rikki beschließt, sich ganz kurz und unaufdringlich per E-mail in Erinnerung zu rufen. Sie arbeitet lange am perfekten Text. Die Botschaft muß kurz sein, ein langer Brief wäre peinlich. Zugleich möchte sie andeuten, daß sie von ihm als Frau und nicht als geschlechtsloses freundliches Wesen gesehen werden will. Schließlich formuliert sie einen knappen, witzigen Text, der sich auf eine beiläufige Bemerkung seinerseits bezieht. Er hatte irgend etwas über ihre schwarzen Strümpfe gesagt. Sie merkt an, daß sie jetzt immer an ihn denken muß, wenn sie schwarze Strümpfe anzieht. Zufrieden mit ihrem Werk schickt Rikki ihren Text los. Schwarze Strümpfe haben einen Hauch von Erotik an sich, jetzt muß er doch begreifen.

Frank reagiert wie erhofft, aber potenziert mal zehn. Die schwarzen Strümpfe enthemmen ihn komplett, wie es scheint. Erstaunt und mit Hitzewallungen liest Rikki seine Antwort-E-mail, die sich als äußerst extremer pornographischer Text beschreiben läßt. »Wenn das in seiner Klinik jemand liest!« sorgt sie sich um sein gutes Ansehen. Sie studiert erneut ihren eigenen Text und fragt sich, wie sie vom ursprünglich zu kühlen platonischen Bekannten so plötzlich diese sehr extreme Reaktion provoziert hat, aber wie sie es dreht und wendet, ihre paar Sätze sind recht unverfänglich, verglichen mit seiner Antwort. »Ich bin ja nicht prüde, ganz bestimmt nicht, aber das hat mich aus der Bahn geworfen«, gesteht Rikki.

Rikki hat geflissentlich alle Signale übersehen, die ihr mitgeteilt hätten, daß sie und Frank keine gute Kombination ergeben. Von Anfang an gestaltete sich die Kommunikation schwierig. Rikki sagt zwar, daß sie und Frank bei ihren zwei Rendezvous »offen und ausführlich über alles geredet haben«, aber Faktum ist, daß sie nicht einmal den Grund für seine Scheidung kennt. Faktum ist auch, daß Frank nie Interesse an ihr gezeigt hat. So beschäftigt und abgelenkt kann niemand sein, daß kein kurzes Telefonat möglich wäre – und wenn, dann kann man ihn sowieso vergessen, weil er gar keine Zeit hat für eine Beziehung. »Er gefällt mir, aber zwischen uns stimmt die Verständigung nicht«, hätte Rikki nach kurzer Zeit erkennen und ihre weitere Energie in sinnvollere Richtungen lenken können.

Dabei ist Rikki absolut eine Erfolgsstory. Wenigstens an diesem Punkt, nach seiner unverhältnismäßig intimen E-mail, hat sie realisiert, daß sie mit diesem Mann einfach nicht auf derselben Wellenlänge ist und diese Beziehung keine Zukunft hat. Sich von ihm zu »verabschieden«, ist ihr noch kein Problem. Außer ein paar Hoffnungen hat sie noch nichts investiert, sie liebt ihn nicht, hat sich zu nichts verpflichtet und nichts verloren. Die Bekanntschaft hat noch nicht den Punkt erreicht, an dem eine Trennung schwierig ist und weh tut.

Und nun können wir zu unseren beiden Begriffen, zum »komischen Gefühl« und zur »Intuition«, die noch fehlende dritte Komponente fügen, den Aspekt des Timings. In archaischen Gefahrensituationen ist die Zeitangabe einfach. Wenn Sie überleben wollen, und Ihr Warnsystem meldet ein Risiko, dann müssen Sie sofort reagieren, in der Sekunde. Bei sozialen Gefahrensituationen, in denen nicht Ihr Leben, sondern »nur« Ihr Glück, nicht Ihre physische Sicherheit, sondern bloß Ihr emotionales Gleichgewicht auf dem Spiel steht, dürfen Sie sich etwas mehr Zeit lassen. Aber nicht zu viel Zeit.

Die Filmszene kennen Sie: Infolge irgendwelcher komplizierter Mißverständnisse ist die Heldin im Begriff, statt ihres Allerliebsten jemand anderen (und zwar den Falschen!) zu heiraten. Die Hochzeitsgesellschaft wartet schon in der Kirche! Das Brautpaar steht schon vor dem Altar! Der Pfarrer fordert auf zum Ja-Wort, alles blickt erwartungsvoll auf die Heldin, aber die zögert. Mit Unterstreichung der dramatischen Hintergrundmusik wissen wir, daß es sich um einen Schicksalsmoment handelt. Wenn die junge Frau ja sagt, zerbricht vor unseren Augen das Lebensglück zweier Menschen, die zusammengehört hätten. Es ist noch nicht zu spät, aber nur ein Augenblick, nur zwei winzig kleine Buchstaben, und unser Romeo hat alles verloren, und Julia zieht mit seinem Widersacher von dannen. Jetzt noch umzukehren ist schwierig, aber nicht unmöglich. Noch kann sie ihre weißen Spitzenröcke raffen und davonlaufen.

Diese Szenen sind von Hollywood entdeckt und aufgeblasen, aber nicht erfunden worden. Sie handeln von einem tatsächlichen und sehr wichtigen Bestandteil unseres Lebens: dem Schritt von Absicht zu Tat. Es empfiehlt sich, unseren Blick zu schärfen für diese Momente, denn sie sind unsere beste und manchmal unsere einzige Chance, dem Strudel der darauf folgenden Ereignisse noch eine Wende zu geben. Sie sind ein letzter Augenblick der Besinnung und Freiheit, bevor wir einen Kurs einschlagen, der nicht mehr so leicht rückgängig gemacht werden kann.

Im Kontinuum von Zeit und Handeln gibt es einen Moment, der sehr bedeutend und sehr besonders ist. Wir alle kennen ihn und erleben ihn, aber nicht unbedingt bewußt. Wenn wir unser Verhalten aber auf einen intelligenteren Fuß setzen wollen, müssen wir unseren Blick schärfen für diesen Moment, denn er kann den Unterschied bedeuten zwischen Glück und Unglück, Sieg oder Verlust.

Dieser Moment ist ein so regelmäßiger und wichtiger Teil unseres Lebens, daß er eigentlich eine eigene Bezeichnung, einen Namen verdienen würde. In einem verwandten, aber anderen Zusammenhang sprechen Harold Bloomfield und Robert Cooper von »the moment of choice«, was sich aber schlecht ins Deutsche übersetzen läßt. Nennen wir diesen Augenblick den »Moment des Willens«. Dieser Moment kann kurz sein, nur den Bruchteil einer Sekunde dauern, oder er kann lang sein. In allen Fällen stellt er den Zeitraum dar, in dem Sie eine Handlungskette durch Ihre bewußte Entscheidung beeinflussen konnten.

Nehmen wir ein paar banale Beispiele. Turmspringen. Sie klettern hinauf, stehen auf dem Brett, nehmen die richtige Position ein, unter ihnen das Wasser. Zwischen Ihnen und dem Sprung steht nur noch der willentliche Entschluß, sich hinabzustürzen. Der Rest findet statt, mit oder ohne Ihren Willen. Sie können beim Sprung gute Form beweisen oder schlechte, die Anweisungen Ihrer Trainerin gut durchführen oder vergessen, von den Richtern 10 Punkte bekommen oder 7, Ihre Handlungen sind immer noch wichtig, aber nicht mehr existentiell bestimmend. Wenn Sie das Brett verlassen haben, ist die weitere Sequenz nicht aufzuhalten – Sie landen im Wasser, wohl oder übel.

Ein anderes Beispiel: die wichtige Sitzung. Sie haben sich vorbereitet. In einer Mappe tragen Sie die Folien, die Tabellen und Ihre Outline. Vor Ihnen der Sitzungssaal. Sie müssen nur noch die Tür öffnen und hineingehen.

In Kinoszenen zögert die Heldin, dann schöpft sie tief Atem, greift entschlossen zum Türgriff und schreitet ihrem Schicksal entgegen. Für unser Thema relevant sind jene Entscheidungsmomente, die mit Beziehungen zu tun haben. Wir entdeckten ihre Wirkung erstmals in einer Studie über Trennungen. Wir fragten unsere Interviewpartner, wie sie ihren Partner ursprünglich kennengelernt hatten. Das fragten wir eher beiläufig, weil man nicht gleich in medias res platzen kann, sondern Gesprächspartnern die Chance geben muß, ein bißchen warm zu werden. Eine unverfängliche Einstiegsfrage, dachten wir, eine Chance für unser Gegenüber, sich an Vergangenes zu erinnern und allmählich in das Thema einzustimmen. Doch die Geschichten, die uns da erzählt wurden, ergaben ein so erstaunliches Muster, daß sie uns hellhörig machten. Bestimmt hatte doch der zukünftige Partner, Quelle des späteren Kopfwehs, Ursprung von Gram und Kummer, anfangs einen lieben, guten, zärtlichen Eindruck gemacht. Bestimmt hatte die Frau gedacht, daß sie mit diesem Partner ein inniges und harmonisches Glück erleben würde, und erst viel später hatte er sein wahres Gesicht gezeigt.

Wenn Frauen aber ihren ersten Eindruck, ihre erste Interaktion mit dem späteren Geliebten schilderten, dann zeigte sich, daß er keinesfalls als Wolf im Schafspelz auftaucht war. Sondern in aller Offenheit hatte er seine Persönlichkeit, seine Werte, seine Meinung über Frauen und seine Absichten in einer Beziehung kundgetan. Er glich einer amerikanischen Zigarettenpackung mit der deutlich aufgedruckten Warnung des Surgeon General, daß der Inhalt krank macht. Millionen Menschen kaufen diese Zigarettenpackungen trotzdem, und Millionen

Frauen pilgern zum zweiten, zum dritten, zum vierten Rendezvous und treten schließlich vor den Traualtar oder ziehen in die gemeinsame Wohnung mit Männern, die vorher praktisch schon mit Lautsprechern, auf Plakaten und in Werbespots auf jene ihrer Eigenschaften aufmerksam gemacht haben, die bald Ursache von Streit und Unglück sein werden.

Bleiben wir noch kurz bei diesem Vergleich. Bei Zigaretten ist der »Moment«, in dem man noch ganz leicht dem später sehr großen Problem entkommen könnte, sehr ausgedehnt. Es dauert eine ganze Weile, bis man die ursprüngliche Abneigung überwunden und so viel Nikotin inhaliert hat, daß man süchtig wird. Es ist nicht ganz einfach, nein zu sagen, wenn sich der ganze Freundeskreis im adoleszenten Protest und mit dem Ziel, Eltern und andere Erwachsene zu ärgern, dem Rauchen zuwendet. Unvergleichlich schwerer ist es, fünf oder zehn Jahre später das Rauchen aufzugeben. Vergegenwärtigen wir uns nun kurz den Moment der Entscheidung. Das Rauchen selber ist abstoßend. Es kostet viel Überwindung, die ersten Zigaretten zu konsumieren, weil Hals, Lungen und Magen aufs heftigste protestieren. Außerdem weiß man im Kopf, daß Rauchen eine schlechte Angewohnheit ist, auf jeden Fall schädlich für die Gesundheit und in vielen Fällen tödlich. Gegen das Rauchen sprechen die vielen schlechten Gefühle, die sich im Körper in Reaktion auf das Nikotin bemerkbar machen. Und gegen das Rauchen spricht auch der Kopf. Für das Rauchen spricht ein anderes Gefühl, das Gefühl der Sehnsucht. Dieser Impuls gaukelt dem jungen Menschen vor, wie gut er sich fühlen *wird*, wenn er durch das gemeinsame Rauchen so richtig von der Freundesgruppe akzeptiert wird; wenn er mit der Zigarette in der Hand lässig und toll aussieht; wenn Personen, auf die er wütend ist, sich die Haare raufen und ärgern. Er gibt nicht einem tatsächlichen Gefühl nach, sondern der Sehnsucht nach einem Gefühl.

Ebenso verhält es sich bei der Wahl eines ungeeigneten Partners. Wir trafen immer wieder auf Frauen, die eine fürchterliche Trennung und davor eine grauenhafte Zeit hinter sich hatten. Wenn diese Frauen sich zurückerinnerten an das Kennenlernen ihres Partners, dann konnten sie oft bemerken, daß alle Vorzeichen der kommenden Probleme schon zu Beginn vorhanden waren. Ihr erster Eindruck war, daß es sich hier um einen schwierigen, einen rechthaberischen, einen arroganten, einen faulen etc. Menschen handelte, um einen Menschen mit Eigenschaften, die ihnen nicht zusagten. Es war nicht so, daß sie diese Person in jeder Hinsicht großartig fanden und sich sofort in seiner Anwesenheit gut fühlten.

Nein, sondern irgend etwas an ihm sprach sie an – sein Aussehen, sein Humor, seine Impertinenz oder einfach nur die Aufmerksamkeit, die er ihnen schenkte. Das bewog sie, sich eine Zukunft vorzustellen, in der seine schlechten Eigenschaften beseitigt und nur noch seine attraktiven Merkmale gültig waren. Nicht ihre tatsächlichen Gefühle in Anwesenheit dieser Person bewegten sie dazu, eine Beziehung aufzunehmen, sondern ihre Phantasie davon, wie sie sich eventuell in Zukunft mit ihm fühlen *könnten*, wenn er sich ihren Erwartungen anpassen würde. Wenn er nur diese durchaus vernünftige Änderung an sich vornehmen würde, dann wäre alles wunderbar. Statt dessen blieb er unverständlicherweise er selbst.

Die 29jährige Doris ist eine auffallend schöne Frau. Außerdem hat sie ein gewinnendes Wesen und viel Humor. In ihrer Firma ist sie beliebt, weil sie jede Aufgabe mit Schwung angeht und weil es einfach Spaß macht, mit ihr zusammen zu sein. Ihr Privatleben ist weniger erfolgreich. Sie hatte mit 18 Jahren viel zu jung geheiratet und ein Jahr später ein Kind bekommen. Die Ehe hatte nicht lange gehalten, und nun ist Doris Alleinerziehende. Glücklicherweise hat sie viele Verwandte im Umkreis, die ihr alle bei der Versorgung von Daniel helfen. Aber Doris sehnt sich nach einem Partner.

Im Schwimmbad lernt sie Thomas kennen. Thomas sieht gut aus; außerdem gefällt Doris, daß man mit ihm über alle möglichen Themen sprechen kann und daß er nicht nur ein Luftikus ist, sondern einen anspruchsvollen Job und eine Wohnung hat. Nur eines ist erstaunlich: daß Thomas noch nicht verheiratet ist. Das erklärt er so: irgendwie, meint Thomas, ist er Spätzünder. Zwischen 20 und 30 war er mit Reisen beschäftigt und damit, eine Ausbildung zu machen und verschiedene Berufe auszuprobieren. Daneben hatte er unverbindliche Liebschaften, bei denen beide Beteiligten an einer festeren Beziehung uninteressiert waren. Neuerdings aber empfindet er den Wunsch nach etwas Ernsterem, und er weiß auch recht genau, wie die entsprechende Frau aussehen sollte. Selbständig sollte sie sein und unternehmungslustig und unterhaltsam. Und geschieden darf sie nicht sein. Er weiß, sagt Thomas, daß diese Erwartung vielleicht nicht mehr ganz zeitgemäß ist. Seine Freunde haben auch schon oft versucht, ihn davon abzubringen, aber vergeblich. Sein Standpunkt ist dieser: er selbst hat mit der Ehe gewartet, bis er sich reif fühlte und sein Leben im Griff hatte. Nun fühlt er sich in der Lage, einem anderen Menschen sein Versprechen zu geben, für immer und ewig zusammenzubleiben. Eine geschiedene Frau ist eine Frau, die ein solches Versprechen bereits einem anderen Menschen gegeben und es dann gebrochen hat. Ja, ja, er kennt alle Gegenargumente. Vielleicht hat ja gar nicht die Frau ihr Gelübde gebrochen, sondern ihr Partner. Vielleicht war sie zur Zeit der Ehe zu jung, um die Konsequenzen abzusehen. Die Argumente kennt er, aber noch besser kennt er sich selber. Wenn er eine feste Idee hat, dann bringt ihn nichts davon ab.

Daher erklärt er Doris mit Bedauern, daß ihre beginnende Freundschaft leider, leider, trotz gegenseitiger Sympathie keine Zukunft hat. Er findet sie viel zu nett, um ihr etwas vorzumachen. Schließlich sei sie Mutter, auf der Suche nach einer festen Beziehung und müsse an ihre Zukunft denken. Auch wenn sie sich gut verständen und eine unleugbare gegenseitige Attraktion gegeben sei, so wäre es für Doris nur Zeitverschwendung, sich für ihn zu interessieren, erklärt er.

Doris hört sich das alles an und denkt sich: lächerlich. Ende des 20. Jahrhunderts ist es doch kein Makel mehr, geschieden zu sein. In jeder anderen Hinsicht passen sie und Thomas großartig zusammen. Er brauche nur etwas Zeit, um das zu erkennen, dann werde er sich schon freimachen von diesem altmodischen Vorurteil.

Thomas und Doris verbringen ein Jahr miteinander. Sie leben zwar nicht zusammen, aber sie verbringen jeden Abend gemeinsam und jedes Wochenende. Doris betätigt sich häuslich in der Wohnung von Thomas – näht Vorhänge, richtet die Küche besser ein. Diese domestikalen Anwandlungen machen Thomas immer nervös, und er

nimmt sie immer zum Anlaß, um Doris an seine Grund-
haltung zu erinnern. Sie tut das jeweils ab und beteuert,
daß es sich lediglich um Freundschaftsdienste handle. Sie
kenne seinen Standpunkt und wolle nichts anderes.

Irgendwann reißt ihre Geduld. Sie sieht doch, ein Blin-
der sieht doch, wie gut sie zusammenpassen. Sie verstehen sich in allem und jedem. Sie vertragen sich großartig.
Haben eine tolle Zeit zusammen. Er wird doch nicht alles
kaputtmachen, nur wegen eines blöden Vorurteils. Er
wird doch nicht auf sie verzichten können. Doris stellt
Thomas ein Ultimatum. Entweder ihr Zusammensein erhält eine Perspektive, am besten durch eine Verlobung,
oder sie macht Schluß.

Thomas ist betroffen. Ja, er mag sie sehr. Ja, er wird sie
sehr vermissen. Mit ehrlichem Bedauern nimmt er traurig
zur Kenntnis, daß sie geht. Und Doris geht wirklich. Nicht
gleich, und nicht mit einem Mal. Es dauert weitere sechs
Monate der Szenen und Versöhnungen, der Selbstverleug-
nung und der Tränenausbrüche, bevor Doris schließlich
zur Kenntnis nimmt, daß sie Thomas nicht umstimmen
kann.

Wenn wir nun sagen, daß Doris ihren Moment der Entscheidung leichtsinnig verspielt hat, dann untertreiben
wir. Das war nicht bloß ein »Moment«, das waren viele
Wochen: die vielen Wochen, als sie bereits wußte, wie
Thomas dachte, aber noch nicht so verliebt und mit ihm
verwoben war, daß sie sich nicht ohne Schmerz von ihm
hätte verabschieden können. Jetzt, nach einem Jahr, nach
vielen gemeinsamen Erlebnissen und Hoffnungen, tut die
Trennung richtig weh. Jetzt ist sie mit einer Kränkung
verbunden, und mit einem Schaden an ihrem Selbstwertgefühl. Das alles hätte sie sich ersparen können.

Wir könnten Ihnen hundertfache Doris-Geschichten erzählen, in Variationen. Manche Frauen erleben ihren späteren Partner anfangs als arrogant, oberflächlich und selbstsüchtig. Oder sie wissen von ihm, daß er seine letzte Frau/Freundin regelmäßig belogen und betrogen hat. Oder er erklärt ihnen, wie schwierig er ist und wie ungeeignet für eine dauerhafte Beziehung. Das alles hören Frauen zu einem Zeitpunkt, an dem sie sich noch ohne Konsequenzen und ohne viel Schaden abwenden könnten. Sie ziehen es vor, ihm nicht zu glauben oder sich sogar von der Herausforderung angezogen zu fühlen.

Bestimmt hatten Sie als Kind ein Märchenbuch, in dem die Geschichte von Rotkäppchen vorkam. Ein Wolf liegt im Bett und gibt sich als Großmutter aus. Er hat sich ihr Häubchen umgebunden und die Bettdecke hochgezogen, aber deutlich sehen wir seine haarige Schnauze, die großen pelzigen Ohren ragen aus dem Spitzenhäubchen hervor, und wenn er spricht, kann er die scharfen Zähne und die lange Zunge nicht verbergen. In den meisten Märchenbüchern ist die Illustration dieser Szene so geartet, daß auch das kleinste Kind sofort sieht, daß hier ein Wolf im Bett liegt und keine Großmutter. Auch Rotkäppchen kann es sehen, aber statt zu fliehen, verleugnet sie mit ihren einfältigen Fragen das klare Urteil ihrer Augen. Warum hast du so große Augen, Großmutter? Weil ich keine Großmutter bin.

Wenn wir uns Beziehungen ansehen, die einen schlechten Verlauf nehmen und ein böses Ende finden, dann stellt sich meist heraus, daß der Mann, der später zu einem so großen Problem werden sollte, sich anfangs kaum oder gar nicht verstellt hat. Er gab sich nie als etwas anderes aus, sondern stellte sich in aller ehrlichen Offenheit bereits als böser Wolf vor. Und wenn er sich verstellte, dann kaum geschickter als Rotkäppchens Wolf – jede halbwegs kluge Frau hätte ihn sofort durchschaut. Wenn wir dann mit der Unglücklichen sprechen, stellen wir meist fest, daß sie gar nicht getäuscht war. Sie sah, sie hörte, sie empfand alle Warnsignale. Aber sie beschloß, das nicht ernst zu nehmen. Ach was. Der redet ja nur so dahin. Das meint er nicht so.

Die gängige Liebeskultur bestärkt Frauen übrigens in dieser Leichtsinnigkeit. In Frauenzeitschriften lesen Sie ständig von irgendeiner Frau Soundso, die den tollen Rockstar/Schauspieler/Industriellen Sowieso geheiratet hat, obwohl der vorher einer Serie von Frauen das Herz brach und immer verkündet hat, daß er niemals heiraten und treu sein wird. Sie aber habe es geschafft und sei nun paradiesisch glücklich, reich und berühmt. Und dieser doofe Zeitschriftenartikel gräbt sich nun in Ihrem Bewußtsein ein als romantische Zielvorgabe, verschmilzt dort mit Ihrem gesunden weiblichen Egoismus, und Sie denken sich: Das kann ich auch.

Damit verspinnen Sie sich in romantische Phantasien und verschlafen den richtigen Moment. Nichts bindet Sie noch an diese Person, von der Ihr Kopf Ihnen sagt, daß sie viele Probleme bringen wird. Sie haben noch keine gemeinsamen Kinder, noch keine gemeinsame Wohnung. Sie sind noch nicht einmal verliebt, sondern maximal unter dem Einfluß einer ersten physischen Anziehung.

Bloomfield und Cooper, die denselben Moment in einem anderen Zusammenhang, nämlich in Konflikt- und Gefahrensituationen untersucht haben, schreiben:

»Fast jeder Konflikt beginnt mit einem Moment der Entscheidung. Es gibt einen Augenblick, in dem die Sache noch einen ganz anderen Lauf nehmen könnte, einen Augenblick, in dem das, was sie sagen und tun oder nicht sagen und nicht tun, den Verlauf der Dinge grundsätzlich bestimmt. Leider achten die Menschen zu selten auf diesen Augenblick. Erst später sagen sie, ›Wäre ich doch bloß nicht aus dem Auto ausgestiegen ...‹, ›Hätte ich bloß die Nerven behalten ...‹, ›Wäre ich bloß nicht ausgerastet ...‹ Ob es sich um eine geistige, eine emotionale oder eine körperliche Gefährdung handelt, der wichtigste Selbstschutz, den man erwerben kann, ist die Fähigkeit, diesen Moment zu erkennen und zu nutzen.«[1]

Die Bereitschaft, wichtige Botschaften zu hören und ernst zu nehmen, auch wenn man das aus anderen Gründen nicht möchte, kann Ihnen viel Unangenehmes ersparen.

Iris ist technische Zeichnerin. Die Ausbildung fand sie anstrengend, auch anspruchsvoll mit den neuen Computerprogrammen, aber spannend. Die geforderte Präzision fanden manche Kollegen nervend, aber Iris liebte es. Je kniffliger, desto besser.

Meinen Verlobten lernte ich in der Straßenbahn kennen. Er war unheimlich charmant. Ich stand da, beladen mit Zeichenrollen, weil ich gerade aus dem Büro kam. Die Straßenbahn war ganz voll, man konnte sich nirgendwo festhalten, und er stand auf und bot mir seinen Platz an. Das kommt ja kaum noch vor. Beim Aussteigen hat er mir geholfen, durch die Menschenschar einen Weg zu bahnen. Später habe ich erfahren, daß es gar nicht seine Station war. Er stieg nur aus, um mich nach Hause zu begleiten. Ich fand

1 Bloomfield/Cooper, *How to be Safe in an Unsafe World*, Crown, N. Y. 1997. S. 17

das einerseits nett, aber war auch mißtrauisch. Aber er wirkte so vertrauenswürdig, und ich wohne in einer belebten Nachbarschaft, also ließ ich es zu. Er ist also mitgegangen und hat mich bei meiner Haustür abgeliefert. Am nächsten Tag stand er wieder da und läutete bei mir. Von da an waren wir sehr viel zusammen. Er hat mir richtig den Hof gemacht, altmodisch, aber auf witzige Art. Es hat mir gefallen, daß er sich so um mich bemüht. Heute seh ich es, rückblickend, etwas zynischer. Ich weiß nicht, ob es um mich ging, sondern er gefiel sich in der Rolle. Er ist Jurist, hat gern ein Publikum, stellt sich gerne dar. Und dieses Altmodische, Manierierte, ist ein gutes Versteck. Er versteckt sich hinter dieser Fassade von Höflichkeit und Manieren, mit Ironie serviert. Anfangs gefiel mir das, aber mit der Zeit machte es mich nervös. Irgendwie weißt du nie, ob er es ernst meint oder dich wieder mal verarscht.

Mein Vater war sehr direkt, und im Beruf sind die Männer auch alle direkt, offen und kollegial. Peter ist ganz anders, und das war für mich ein Abenteuer. Ich bin mit ihm z. B. auf Bälle gegangen. Auf so eine Idee wäre ich vorher nie gekommen, ich war nicht einmal beim Schulball. Er zeigte mir ein anderes Leben, und es machte Spaß. Irgendwie fühlte ich mich zum ersten Mal so richtig erwachsen, und der Touch von Luxus gefiel mir.

Wir sind dann zusammengezogen. Das heißt, ich bin in seine Wohnung gezogen. Dabei gab es die erste kleine Krise. Er meinte, da die Wohnung eine Eigentumswohnung sei und er sozusagen also schon investiert hätte und keine Miete zu zahlen sei, sollte ich die Betriebskosten übernehmen. Das hat mich merkwürdig berührt, da er sonst so galant war. Sonst kam er immer so klassisch, der Mann umwirbt die Frau. Dieser Vorschlag schien nicht ins Bild zu passen, und das hätte mich alarmieren sollen.

Ich habe die Betriebskosten übernommen, auf den ersten Blick schien das fair. Die waren aber hoch, weil ein Aufzug eingebaut wurde und die Wohnung sehr groß ist. Im Grunde hätte ich für denselben Betrag einen Kredit zurückzahlen können und hätte am Ende eine Wohnung gehabt, die mir gehört. Meine innere Stimme meldete sich, und ich war beunruhigt, aber ich habe sie übergangen. Und meinen Eltern habe ich das mit den Betriebskosten nicht erzählt, weil ich genau wußte, sie hätten das nicht in Ordnung gefunden.

Wenn man eine neue Beziehung beurteilen will, finde ich, ist es sehr bezeichnend, wie die ersten Streitigkeiten abgehandelt werden. In unserem Fall war es so: Als ich zaghaft gegen dieses finanzielle Arrangement protestierte, wurde ich als kleinlich hingestellt. Im Grunde habe ich aber in meinem tiefsten Inneren gespürt, daß er kleinlich ist. Er hat viel mehr Geld verdient als ich. Eigentlich konnte es ihm auf diese 1200 Mark nicht ankommen. Es war nur irgendwie ein Prinzip für ihn oder vielleicht auch Kleinlichkeit oder Gier. Es ist unangenehm, mit jemandem zu leben, der nicht großzügig ist. Dieser Mensch ist dann nämlich insgesamt nicht großzügig, nicht nur in Geldangelegenheiten. Geld ist etwas sehr Symbolisches, und es war immer ein Streitpunkt zwischen uns. Ich war meist zu höflich, um es anzusprechen. Szenen hätten auch nicht geholfen. Wichtig wäre ein kühles, dezidiertes Gespräch gewesen, aus dem man notfalls die Konsequenz gezogen hätte, daß die Beziehung eben nicht klappen wird.

Die zweite störende Beobachtung war, daß er sich für meine Arbeit überhaupt nicht interessierte. Obwohl er mich sozusagen über meine Zeichenrollen angequatscht hatte, und obwohl er wußte, wieviel Spaß mir die Arbeit machte, war das für ihn kein Thema. Ich habe oft am Abend Zeichnungen mitgebracht, und dabei fiel mir auf, daß in der Wohnung – obwohl sie so riesig war – kein Zimmer für mich vorgesehen war. Ich habe dann einfach, ohne es zu besprechen, bei IKEA einen großen Tisch gekauft, den ich als Zeichentisch umfunktionieren konnte. Ich stellte mir eine Scheinwerferlampe hin und habe am Abend noch an meinen Zeichnungen gearbeitet. Er ist dann mit gerunzelter Stirn dagestanden und hat gemeint: So schauen meine Vorstellungen von Wohnen aber nicht aus. Obwohl ich mich ja ohnehin nicht im Wohnraum breitgemacht habe, sondern im selten benutzten Gästeraum. Ich hab dort nur die Couch ein wenig verschoben. Der Vorfall hat mir gezeigt, daß ich in dieser Wohnung nicht wirklich zu Hause bin. Ob ich nun zahle oder nicht, die Wohnung gehört ihm. Er ist auch nie auf die Idee gekommen, meinen Namen an die Tür zu hängen. Am Schild steht er ganz alleine, und wenn ich heimkomme, ist deutlich, daß ich in seine Wohnung gehe.

In regelmäßigen Abständen hat er mir Heiratsanträge gemacht, und ich habe mir dann gedacht, vielleicht wird alles anders, wenn nach außen ein Zeichen gesetzt wird, wenn die Sache eine Verbindlichkeit bekommt. Wir planten die Heirat, und gleichzeitig fand die Kanzleieröffnung statt.

Seine Tante hat zur Kanzleieröffnung ein ganz tolles Geschenk überreicht. Sie hat uns beiden einen Flug nach Miami geschenkt. Sie hat gemeint, wenn der ganze Wirbel vorbei ist, Büro finden und einrichten usw., sei es sicher schön, ein bißchen Abstand zu gewinnen und an einen warmen Ort zu fliegen. Peter hat das Geschenk aufgemacht, sah den Flugschein vom Reisebüro. Es waren zwei Scheine, aneinandergeheftet. Er sah den obersten Schein, war total begeistert und hat seine Tante abgeküßt. Sie aber sagte: ›Schau noch weiter, da ist ein zweites Blatt. Ich hab mir gedacht, ihr könnt die Reise gleich mit einer Hochzeitsreise kombinieren.‹

Mit einem solchen Geschenk hatte niemand gerechnet, wir waren alle sehr überrascht. Das war unheimlich großzügig von ihr. Sie hat das Hotel und alles dazubestellt, für zehn Tage. Er aber ist richtig in sich zusammengesunken und meinte schokkiert: ›Was? Für uns beide?‹ Er fand, es ginge um seine Kanzleieröffnung, um seinen Anlaß. So hat er es tatsächlich formuliert. Wir alle sind dagesessen, und es war unglaublich peinlich. Man konnte alle Menschen im Raum atmen hören, so leise war es. Es war so, so peinlich, und er hat gemerkt, daß er seine Grenze überschritten hat. Er sagte also schnell: ›Na, ich hab wohl das Junggesellensyndrom. Vielleicht wäre ich noch gerne einmal abgezwitschert, bevor mir die Handschellen angelegt werden.‹

Dieser Kommentar hat es für mich nicht besser gemacht, eher noch schlimmer. Nachdem alle weggegangen sind, bin ich an meinem Zeichentisch sitzengeblieben. Ich wollte auf keinen Fall ins Schlafzimmer, auch nicht ins Wohnzimmer. Er hätte dann noch zu mir kommen können, die Sache irgendwie erklären, aber das tat er nicht.

Ich weiß, daß dieser Abend ein Wendepunkt in der Beziehung war, aber ich sehe noch nicht genau, wie ich mich verhalten werde. Meine erste Reaktion war, daß ich nicht nach Florida mitfahre. Die Reise steht ja noch an. Ich habe zwei Überlegungen dazu. Ich kann mir einerseits leider sehr gut vorstellen, daß es ihn gar nicht stört, wenn ich hierbleibe. Er fährt dann mit einem Freund, und sie haben es schön. Eine zweite Möglichkeit: Er schaltet auf stur. Er könnte durchaus sagen, wenn ich nicht mitfahre, ist es aus. Nicht weil er mich so gerne dabei haben möchte, sondern weil es ihm um den Gesichtsverlust gehen könnte. Er ist jemand, dem sein Image außerordentlich wichtig ist.

Ich fürchte, daß es zu spät ist, zwischen uns etwas zu ändern. Der Zug ist irgendwie abgefahren. Wir werden noch in diesem Jahr heiraten. Es hängt davon ab, wie die Gerichtsferien liegen. Gerichtsferien sind im Sommer. Bezeichnenderweise, paradoxerweise, ist bei mir im Baugeschäft dann Hochsaison, aber das ist ein anderes Thema. Er kann im Sommer gut verreisen, weil es da keine Verhandlungen gibt, ich aber riskiere meinen Job, wenn ich ausgerechnet im höchsten Sommerstreß abhaue. Auch hier kommt ein Interessenkonflikt auf uns zu, den wir irgendwie lösen müssen. Ich hoffe, daß er mir entgegenkommen wird, schon aus Eigeninteresse. Es scheint nämlich so, als würde er auch nach der Hochzeit noch getrennte Kasse machen wollen. Dann aber muß bei mir erst mal eine Kasse da sein. Wenn ich meinen Boß verärgere, bin ich arbeitslos. Dann muß er mich unterstützen, und das will er nicht. Er ist keiner, der gerne teilt – das klingt ein bißchen unsympathisch, aber er hat auch furchtbar liebe Seiten. Er ist wirklich einer, der noch so einen Beschützerinstikt hat. Er ist irgendwie noch ein richtiger Mann, und männliche Männer zu finden, das ist gar nicht mehr so leicht. Er ist sicher kein moderner, partnerschaftlicher Mann, aber er hat eben etwas, was mich wirklich anzieht.

Iris hat ein gut funktionierendes Frühwarnsystem. Es sagt ihr nicht nur einmal, sondern öfters, daß sie es mit einem selbsteingenommenen, kleinlichen Mann zu tun hat, der ihre Interessen nicht ernst nimmt und der nötigen mentalen Haltung für ein wirkliches Zusammenleben entbehrt. Iris versucht das in zeitgemäße Etiketten zu packen und überlegt, ob er nun traditionell ist oder partnerschaftlich, altmodisch oder modern. Aber diese Bezeichnungen haben nichts mit ihrer Situation zu tun. Peter ist »modern« oder »traditionell«, wenn es ihm gerade in sein Konzept paßt. Seine Frau soll ihren finanziellen Beitrag leisten (modern), aber in seiner Wohnung unter seinem Namen und gemäß seinem Wohnlichkeitskonzept leben (traditionell). Die meisten verräterischen Momente in dieser Beziehung passen in gar keine Kategorie, sondern zeigen bloß Egomanie und Lieblosigkeit. Ganz zu Recht sagt Iris, daß der Vorfall mit der geschenkten Florida-Reise ein Wendepunkt war, ganz richtig stellt sie fest, daß in dieser Beziehung der Zug abgefahren ist und keine großartigen Verbesserungen mehr zu erwarten sind. Doch nun wird es paradox. Es gab einen Wendepunkt, aber nichts hat sich gewendet. Der Zug ist abgefahren, aber Iris läuft ihm immer noch nach, offenbar mit dem Wunsch, ihn einzuholen und sich aufs Gleis zu legen. Und warum? Weil Peter »etwas« hat, das sie »anzieht«.

Ist Ihnen die resignative Note in Iris' Darstellungsweise aufgefallen? Sie spricht wie eine alte Frau, die zurückblickt auf die Fehler in ihrem Leben, daran nicht mehr viel ändern, sondern nur noch warnende Ratschläge erteilen kann an jüngere Leute. Wie kommt sie zu dieser Haltung? Für ihre Beziehung, aber sonst in keiner Hinsicht, ist »der Zug« für Iris abgefahren. Immer noch hat sie den Job, der sie fasziniert, und einen Boß, der sie schätzt. Wenn sie die hohen Betriebskosten nicht mehr zahlen muß, hat sie genug Geld für eine eigene Wohnung. Sie ist 24 Jahre alt und hatte noch nie Mühe, Leute kennenzulernen oder Männern zu gefallen. Sie hat keine Kinder, um deretwillen sie ausharren müßte, und ist nicht schwanger. Die Heirat hat noch nicht stattgefunden.

Beim Lesen werden Sie den Punkt bemerkt haben, an dem Iris abrupt ins Irrationale abgleitet. Warum tut sie das? Weil sie sich von ihrem Phantasiebild nicht verabschieden möchte. Es fing so schön an: junge moderne Frau, mitten im Leben stehend, beladen mit ihren Zeichenrollen, trifft ganz zufällig auf galanten Mann, der sich sofort in sie verliebt und ihr den Hof macht. Er führt sie in eine andere, romantische Welt. Der Glanz blättert schnell ab, aber Cinderella will ihr Happy-End.

Kapitel 9
Jedefrau

Das passiert nicht alle Tage: daß ein heimliches Liebesdrama auf allerhöchster Polit-Ebene, inklusive Szenen zwischen Staatsoberhaupt und Mätresse, öffentlich wird und die intimen Details haarklein zum Allgemeingut der Welt werden. Wenn dann auch noch die Ehefrau und die Geliebte zwei völlig entgegengesetzte Gefühlstypen sind, müssen wir uns das ansehen.

Zufällig spielt sich, während wir dieses Buch schreiben, ein internationales Moralstück der besonderen Art ab. Das ziemlich jammervolle Intimleben des mächtigsten Staatsoberhauptes auf unserem Planeten gelangt über abgehörte Tonbänder, mitgeschnittene Telefonate und indiskret plaudernde Frauen an den schnüffelnden Sonderbeauftragten Kenneth Starr und über seine Nachforschungen schließlich an CNN und die ganze Welt.

Uns interessiert dieses Drama, weil die zwei Hauptdarstellerinnen, die beiden unfreiwilligen Kontrahentinnen, auf geradezu makabre Weise die zwei Extrempositionen des weiblichen Emotionshaushaltes verkörpern. Die pummelige dunkelhaarige Geliebte: ein unkontrolliertes Gefühlsbündel, das sich in eine romantische Phantasie hineinsteigert. Die beherrschte blonde Gattin und Staatsfrau: eine überaus pragmatische, kontrollierte Person, an deren Selbstbeherrschung nicht zu rütteln ist.

Keine von den beiden ist eine moderne Frau, wie wir

das verstehen würden. Sie verkörpern beide den klassischen alten Weg zum Frauenerfolg, der bekanntlich über den Mann führt. Aber ihre Methoden und ihr Vorgehen sind konträr. Die Geliebte operiert mit Gefühlsexzessen, die Gemahlin in Königinmutter-Manier mit souveräner Kontrolle.

Daß es einer von den beiden um die Liebe geht, ist sehr zweifelhaft. Die Geliebte hatte es sich laut eigenen Angaben schon lange vor ihrer Ankunft in Washington in den Kopf gesetzt, den Präsidenten zu verführen, obwohl sie ihn in Bild und Ton eher unattraktiv fand und gar nicht verstehen konnte, warum so viele Frauen ihn als fesch und sexy empfanden. Daß sie ihn später, als sie ihn live vor sich hatte, schöner fand als im TV, machte ihre selbstgestellte Aufgabe vermutlich leichter, hatte aber mit der ursprünglichen Motivation nichts zu tun.

Was die Gemahlin anbelangt, so vermuten Beobachter dieser Polit-Ehe schon lange, daß es sich nur noch um ein nüchternes zweckorientiertes Zusammenbleiben handelt. Mindestens eine Frau wirft diesem Mann vor, sie vergewaltigt zu haben. Zwei Verhältnisse mußte er nach langen Dementis öffentlich zugeben. Seiner jüngsten Geliebten hat er eine unmittelbare Vorgängerin und »Hunderte« von kurzfristigen Abenteuern gebeichtet. Durch die öffentlichen Leugnungen, gefolgt von öffentlichen Geständnissen, hat Bill auch seine Frau in eine peinliche und unmögliche Lage versetzt. Hätte sie einen solchen Mann nicht längst schon hinauswerfen sollen? Ist sie nur bei ihm geblieben, um ihre Position als First Lady nicht zu verlieren? Ist das nicht berechnend, demütigend und unter der Würde einer intelligenten Frau? Dazu darf sich jede von uns eine eigene Meinung bilden.

Monica Lewinsky ist das perfekte Abbild einer emotional überdrehten Frau. Ihr Agieren in ihrer Beziehung mit Clinton bestand fast nur aus emotionalen Auftritten, wobei es faszinierend und erschütternd ist, daß sie in gewisser Hinsicht »wirkten« – dieser Mann, der wichtigste gegenwärtige Akteur auf dem globalen Parkett, ließ sich diese Szenen gefallen und reagierte in gewisser Weise positiv darauf.

Genese und Geschichte des Verhältnisses zeigen einen bizarren Ablauf. Monica reist nach Washington mit der Absicht, sich diese »Trophäe« zu holen – den Präsidenten zu verführen. Er steht im Ruf, für die Angebote williger Damen sehr empfänglich zu sein. Der Präsident ist beschäftigt und abgeschirmt, Monica hat nicht viel Zeit für ein subtiles Vorgehen, also nutzt sie die nur minutenlangen ersten Kontakte, um eindeutige sexuelle Signale auszusenden. Mit Wort und Tat gibt sie ihm zu verstehen, daß sie für ein flüchtiges sexuelles Abenteuer zu haben ist, keine Probleme machen wird, sich sofort zurückziehen wird, falls es gefährlich wird oder er es sich anders überlegt, und keine Gegenleistung erwartet. Der geradezu unglaublichen Selbstgefälligkeit des männlichen Egos ist es zuzuschreiben, daß Clinton diesen Behauptungen Glauben schenkte. Er hielt es tatsächlich für möglich, daß eine junge Frau keinen anderen Wunsch hatte, als ihm kostenfrei und folgenlos ein paar vergnügliche Minuten zu bereiten. Diesem Ur-Irrtum sitzen viele Männer auf und wundern sich anschließend über die verfahrenen Situationen, in die sie sich hineinmanövriert haben, aber das ist wieder ein anderes Thema.

Monica will – nur einen komplett narzißtisch geblendeten Mann könnte das überraschen – aber nicht bloß dienlich sein und benützt werden. Sie hat eine ganze lange Wunschliste: Sie will geliebt werden, Aufmerksamkeit bekommen, ihren Freundinnen gegenüber mit dieser tollen Eroberung punkten, berufliche Vorteile ohne viel Anstrengung erhalten, wichtig sein. Mindestens will sie an seiner Seite sein, als halboffizielle Mätresse. Vorübergehend hält sie es für möglich, daß Bill sie eines Tages heiraten könnte. Als die Dinge schiefgehen, will sie allermindestens einen gutbezahlten Job in New York.

So weit, so pragmatisch. Wir können aber auch mitverfolgen, wie sie den eigenen Emotionen aufsitzt. Sie hat dem Präsidenten eindeutig und unmißverständlich eine unkomplizierte, rein sexuelle Beziehung angeboten. Sehr schnell entwickelt sie viel höhere Ambitionen. Sie will sprechen, beachtet werden, »als Person« von ihm geschätzt sein. Es entsteht ein absurder und klischeehafter Pas de deux, in dem sie das permanent einfordert und er es höflich, aber bestimmt verweigert.

Sie schleicht sich auf komplizierten Umwegen in sein Büro, um sich mit ihm zu unterhalten. Er nimmt statt dessen Anrufe von Politikern entgegen und signalisiert ihr, sie möge währenddessen unter dem Schreibtisch für seine Unterhaltung sorgen. Ein anderes Mal ruft er sie zu Hause an, nachdem sie einen Monat lang nichts von ihm gehört hat und deswegen schon sehr verzweifelt ist. »Ich sagte: ›Weißt du, ich bin sehr unglücklich.‹ Und er antwortete: ›Darüber will ich jetzt nicht reden. Ich werde dich nächste Woche anrufen, dann können wir das besprechen und deinen Job besprechen. Jetzt will ich lieber über etwas anderes reden‹ – damit meinte er Telefonsex, was dann auch erfolgte.«

Bei einem anderen Zusammentreffen hatte sich Monica viele Themen zusammengespart, weil sie ihn lange nicht gesehen hatte. »Das war oft so. Wenn ich redete, hat er mich plötzlich mittendrin geküßt, ich glaubte, damit ich still sein sollte.« Aus der lustigen leichtlebigen flirtigen Verführerin wird eine gekränkte, verheulte, tagelang neben dem Telefon auf Anrufe wartende, sich verliebt wähnende Person.

Die einzelnen Episoden dieser Beziehung, wie wir sie den Aufzeichnungen Kenneth Starrs entnehmen und in der dicken Sonderbeilage der Tageszeitung *Washington Post* brühwarm lesen konnten, sind kitschige Klischeemomente. Lewinsky fühlt sich »vernachlässigt«, weil sie schon so lange nichts von Clinton gehört hat. Sie ruft an, immer und immer wieder, gerät aber jedesmal nur an seine Sekretärin Betty Currie. Die verspricht, ihm Monicas Botschaften auszurichten. Er ruft aber nicht zurück, sondern geht Golf spielen. Monica rastet aus, als sie es erfährt. Um sie zu beruhigen, willigt Betty Currie ein, sie am Parkplatz des Weißen Hauses zu treffen und Geschenke entgegenzunehmen, die Monica dem Präsidenten geben möchte. Monica fährt zum vereinbarten Treffpunkt, aber Currie ist nicht da. Monica wartet auf sie, im strömenden Regen, eine Stunde lang. Schließlich kommt Currie und läßt sich von der durchnäßten, verzweifelten Monica weichkriegen, sie ins Weiße Haus mitzunehmen. Im Oval Office wartet Monica eine weitere halbe Stunde, bis der Präsident vom Golfspielen zurückkehrt. Sie bietet ihm eine sexuelle Dienstleistung an, für die er aber keine Zeit hat. Er muß zu einem Staatsdiner. Sie bleibt zwei oder drei Minuten, gibt ihm ihre Geschenke, dann wird sie hinauskomplimentiert.

Ein anderes Intermezzo. Monica will den Präsidenten

besuchen. Sie wird vom Sicherheitsdienst am Eingang zum Weißen Haus aufgehalten und ins Büro der Aufsicht gebracht. Sie möge warten, heißt es, der Präsident sei in einer Besprechung. Mit einer Journalistin, wie Monica durch Belauschen der Wachen herausfindet. Die Frau ist über jeden Zweifel erhaben, eine seriöse Person, Freundin der Familie, aber Monica dreht durch. Der Präsident hat eine Neue! Er betrügt sie! Mitten im Sicherheitsbüro liefert sie eine Szene. Der Präsident beschwört die Wachen, den Vorfall nicht zu melden.

Was geht während dieser Episoden in Clinton vor? Das ist schwer zu sagen. Gefällt ihm der Nervenkitzel, oder weiß er bloß nicht, wie er sich am besten aus dieser potentiell gefährlichen Situation herausmanövriert? Findet er Monicas Exzesse und Szenen sexy, oder machen sie ihm angst in der Manier von *Fatal attraction*? Sein Vorgehen ist mit logischen Maßstäben sowieso nicht meßbar, das Risiko steht in keinem Verhältnis zu seinem vermutlichen Lustgewinn, die Situation ist pathologisch.

Bleiben wir lieber bei den Frauen. Wir haben Sie oben eingeladen, sich über das Verhalten und die möglichen Motivationen Frau Clintons ihre eigenen Gedanken zu machen. Halten wir nun fest, daß hier ein weiterer diametraler Gegensatz zwischen den beiden Frauen besteht. Über Frau Clintons Gedanken zum Vorfall, ja über ihr Innenleben, wissen wir nichts. Monica Lewinsky hingegen verplappert sich über jedes kleinste Detail. Wir wissen nicht nur, daß sie vor dem Oralsex Pfefferminzbonbons kaute, um den Effekt zu erhöhen, wir kennen sogar die Marke (Altoids) und wissen, woher sie diesen Trick hat (aus dem Internet). Sie geht auf Lesereise, aber wenn zu viele Journalisten kommen, verläßt sie weinend den

Raum. Sie hat sechs sexuelle Begegnungen mit Clinton, bevor beide ein Gespräch von mehr als ein paar Worten führen, aber nach dem fünften Mal fragt sie ihn, ob er sich eigentlich »für sie als Person interessiert oder nur den Sex will«. Sie verspricht ihm Zurückhaltung und gibt an, infolge eines früheren Verhältnisses mit einem verheirateten Mann »die Regeln« zu kennen und äußerst diskret zu sein, hängt aber nach jeder Zusammenkunft umgehend mit ihren zehn besten Freundinnen an der Leitung, um die intimen Details haarklein zu analysieren.

Ihr Verhalten ist irrational, aber auch wiederum nicht. Ihre Emotionalität und ihr labiles Auftreten veranlassen den Präsidenten, sie ernst zu nehmen. Sie stellt eine Gefahr dar und gewinnt dadurch an Bedeutung. Ihr indiskretes Geplapper bringt ihr Ruhm, öffentliche Aufmerksamkeit, Buchverträge. Eine Frau zu werden, deren Memoiren man lesen möchte, wäre für Monica auf jedem anderen Weg wesentlich beschwerlicher. Ihr Emotionshaushalt wird zur stärksten Karte, die Monica spielen kann. Weil sie so labil ist, muß der Präsident sich um sie kümmern. Er kann ihr dafür nicht böse sein, sie ist eben in ihn verliebt! Vor dem Sonderbeauftragten sagt sie gegen ihn aus in einer schier unglaublich ausführlichen Manier, mit vielen objektiv unnötigen, unendlich peinlichen Detailangaben, aber auch dafür kann ihr niemand böse sein. Sie ist eben sehr ängstlich. Sie hatte versprochen, die Affäre geheimzuhalten, statt dessen aber all ihren zahlreichen Freundinnen umgehend alles erzählt, auch der verhängnisvollen Linda Tripp, aber das kann man ihr nicht vorwerfen. Sie ist eben dumm!

Monicas emotionale Zusammensetzung mag eigentümlich, sogar lächerlich wirken, aber sie verschafft ihr mehr Bedeutung, Spielraum und persönliche Sicherheit, als sie unter anderen Umständen erwarten dürfte.

Dagegen Frau Clinton. Mit perfekter Haltung und maskenhafter Mimik wahrt sie sich ihren Freiraum, auch unter dem grellsten Blitzlicht. Falls sie sich ihren Freundinnen anvertraut, was anzunehmen ist, dann sind diese gut gewählt, vorbildhaft in ihrer Loyalität. Lewinskys liebste Freundinnen verraten sie dem Staatsanwalt und nehmen heimlich ihre Gespräche auf Tonband auf, etliche von Clintons ehemaligen Mitarbeitern und Protegés plaudern in Interviews über ihn oder schreiben Enthüllungen oder laufen zum Feindeslager über, aber aus Frau Clintons Dunstkreis kommt nichts, nicht der leiseste Hauch einer verratenen Vertraulichkeit.

Wir sehen nur, was sie uns zeigen will, und sie zeigt uns mit perfekter Haltung und fast übermenschlicher Beherrschung nur die Fassade. Unbestritten ist, daß sie dadurch an persönlicher Macht gewinnt, erstens weil alle nachvollziehen können, wieviel Kraft das erfordert, zweitens weil sie eine glaubwürdige Trennungslinie zieht zwischen ihrem persönlichen und ihrem öffentlichen Leben. Wenn sie das trennen kann, können wir es auch. Erste Gerüchte, denen zufolge sie ein eigenes politisches Amt anstrebt, Senatorin von New York werden möchte, verursachen allgemeine Begeisterung. Diese Frau kann man sich als Senatorin vorstellen, als Präsidentin, als Kaiserin von China. Wenn sie unter diesen extremen Härtebedingungen in der Lage ist, sich selber zu beherrschen, dann kann sie Amerika regieren, die Welt, die Galaxie.

Wer möchten Sie lieber sein in diesem Moralstück? Die Geliebte, Bestsellerautorin, Skandalnudel? Die Frau, die laut eigener Aussage mehrmals ernsthaft erwog, sich aus

dem Fenster zu stürzen, um der peinlichen Episode ein
Ende zu setzen? Oder die Ehefrau, die Eisprinzessin, un-
durchlässig, souverän, unberührbar? Zum Glück gibt es
für die meisten von uns Schattierungen, Zwischenstufen,
Kompromisse. Wer möchten Sie in diesem Epos lieber
sein?

Kapitel 10

Gefühle ins Museum

Männer finden gefühlvolle Frauen sexy. Mit weiblichen Waffen kann eine Frau immer noch zum Ziel kommen. Oder? In diesem Kapitel studieren wir Ursprung und Geschichte des weiblichen Konfliktverhaltens und lernen, was Männer wirklich darüber denken.

Weibliche Gefühlsexzesse haben einen soliden historischen Hintergrund. Was altmodische Leute als »Waffen einer Frau« beschreiben und viele Frauen immer noch als ihren besonderen femininen Charme betrachten, ist in Wirklichkeit nur antiquiertes Beiwerk einer vergangenen Beziehungsstruktur. Früher lebten Frauen ohne gesetzliche Rechte, ohne ökonomische Sicherheit, ohne selbständigen Besitz und ohne Bildung. Sie waren von Männern abhängig, die ihnen in jeder Hinsicht überlegen waren. Auf diese Männer hatten sie sehr wenig Einfluß. Sich scheiden zu lassen, war religiös und sozial fast unmöglich und hätte außerdem den finanziellen Ruin der Frau bedeutet. Die vielen Wahlmöglichkeiten von heute gab es nicht. Wenn ihre Beziehung schiefging, hatten sie einfach Pech. Sie konnten sich nicht für Erwachsenenbildung einschreiben und für einen Beruf ausbilden lassen. Polizei, Anwälte, Sozialarbeiter, Beratungsstellen, Jobvermittlungsagenturen, das gab es alles nicht. Die Frau, die trotzdem kein Fußabstreifer sein wollte, mußte andere

Wege finden, um sich durchzusetzen. Und so entstand mit der Zeit ein Repertoire an Verhaltensweisen, die dazu geeignet waren, im Gegenüber bestimmte Reaktionen hervorzurufen.

Wer das Verhalten einer anderen Person beeinflussen will, hat grob gesprochen zwei Möglichkeiten, positive und negative. Für Frauen, die sich unter Umständen der weitgehenden Machtlosigkeit gegen die viel stärkeren Männer behaupten wollten, gab es dementsprechend zwei Methoden. Sie mußten den Mann entweder milde und großzügig stimmen oder ihn erschrecken.

Was wir heute immer noch als klassisch weibliches Verhalten betrachten, ist nichts anderes als eine für die damaligen Verhältnisse sehr erfolgreiche und kluge Kampagne, unter sehr schlechten Voraussetzungen auf dem Terrain des privaten Zusammenlebens mit Männern möglichst viel Handlungsfreiheit, Macht und Einfluß zu gewinnen. Das Vehikel waren die Gefühle.

Im Militärmuseum des historischen Frauenverhaltens hätten wir einmal die Kategorie 1: positive Verhaltenssteuerung. Hierfür eignen sich Täuschung, Unterwerfung und Verführung. Die Frau wählt Emotionsregister, die eine ganz bestimmte Botschaft vermitteln: Ich bin harmlos, ich bin hilflos, ich bin begehrenswert. Einige klassische Methoden, leider auch noch in der Gegenwart zu beobachten: kindliches Schmollen, Launenhaftigkeit, Tränen, ein übertrieben irrationales Verhalten, ein vertrauensvoll bewundernder Augenaufschlag, ein aufreizender Gang, ein feuriges Temperament, eine unnatürlich schrille, hohe Stimme. Diese Kategorie von Auftritten weckt im Mann Reaktionen wie Mitleid, sexuelles Interesse, Beschützerinstinkte und Faszination ob der Fremdartigkeit dieses femininen Verhaltens, das so anders ist als sein eigenes. Diese Person ist eigentlich wie ein kleines Kind, kann der Mann sich denken. Ich sollte ihre Wünsche erfüllen. Ich muß ihr nicht böse sein. Schau, wie sie sich kränkt und aufregt, das arme Ding, da will ich als erhabenes Vernunftwesen lieber nachgeben.

Dann haben wir Kategorie 2: negative Methoden, die Abschreckung. Nörgeln, Kreischen, Schreien, Spionieren, paranoides Mißtrauen zeigen und mit Selbstmord drohen. So konnten auch Frauen, die über keine echte Macht verfügten, Schrecken und Terror verbreiten.

Frauen klammern sich an diesen veralteten Habitus, als ob es um ihr Leben ginge. Sie verkrallen sich im mittlerweile peinlichen Klischeeverhalten einer anderen Ära. Gutgemeinte Ratschläge und konstruktive Kritik seitens der Menschen, die mit ihnen zusammenleben und sie dabei beobachten, wehren sie aggressiv oder ängstlich ab. Wie das in einer aktuellen Beziehung aussieht, können wir nun mitverfolgen am Beispiel von Gabor.

Gabor ist 32 und arbeitet für eine bekannte Umweltgruppe. Die Position ist ruhmreich, aber schlecht bezahlt, weshalb er von einer zusätzlichen Beratertätigkeit im Computerbereich abhängig ist. Gabor ist groß, beweglich und animiert in Sprache und Gestik, ein sympathischer Mann. Seit sieben Jahren ist er mit Rebecca verheiratet. Von Gabor können wir, etwas artikulierter als der Durchschnitt und trotzdem sehr typisch, einen männlichen Standpunkt zum weiblichen Emotionsverhalten und zu Szenen erfahren. Wir lassen ihn zuerst sprechen, um anschließend seine Aussagen zu überdenken.

Ich würde mich als sehr ruhigen, friedliebenden Menschen beschreiben. Ich bin sicher eher jemand, der in Auseinandersetzungen nicht sehr offensiv ist und es auch nicht sein muß. Ich kann mich und meine Anliegen sehr gut vertreten. In jedem Fall beruflich. Da setze ich mich sehr gut durch, auf eine ruhige Art. Auch in meinen Beziehungen gehe ich nicht sehr offensiv vor. Da war es eigentlich immer so, daß ich zuerst einmal geschaut habe, was kommt von der anderen Seite. Was wollen die Frauen? Das war immer die Richtschnur in meinem Leben. Was will sie, und paßt das zusammen mit dem, was ich will und geben kann?

Für mich ist völlig klar, was ich mir hier und heute von meiner Frau erwarte. Ich möchte in erster Linie, daß das Zusammenleben angenehm ist und alles gut läuft. Daß ich nach Hause komme, mich ausstrecken und entspannen kann. Mein Leben ist ziemlich schwierig. Ich muß ständig kämpfen. Mein Job finanziert mir nur das Notwendigste. Aber den Rest muß ich mir wie ein Löwe draußen erkämpfen, und die Beute wollen sich heutzutage viele teilen. Der Computersektor ist ein harter Knochen.

Meine Frau hat da einen etwas gemütlicheren Standpunkt. Sie kritisiert mich eigentlich ständig, daß ich nicht genug für sie da bin. Wenn ich wissen will, was sie damit meint, dann bringt sie immer absolute Banalitäten. Zum Beispiel beschwerte sie sich letztens, daß sie am Freitag nachmittag den Wochenendeinkauf gemacht und furchtbar viel geschleppt habe. Daraufhin habe ich ihr gesagt, sie solle sich doch einfach die Sachen liefern lassen. Da ist sie völlig ausgerastet. Sie sagte, daß ich ein serviceorientierter Mensch sei und ständig nur Bedienung wolle. Ich habe einfach nichts verstanden. Was heißt: ich will Bedienung haben? Ja, natürlich will ich es mir leichter machen, wenn die Sachen schon nicht selbst ins Haus fliegen. Ich erwarte mir keineswegs, daß sie als Packmuli die Sachen nach Hause schleppt. Das will ich auf keinen Fall. Aber ich sehe es als ihre Aufgabe an, intelligente Lösungen zu finden. Das sagte ich auch ganz sachlich. Nun brüllte sie, ich sei ein eiskalter Zapfen und behandle sie von oben herab. Ich kriege irgendwie den Eindruck, daß sie einen Minderwertigkeitskomplex hat. Sobald ich das Wort »intelligent« oder »sachlich« in den Mund nehme oder ihr vorschlage, Prioritäten zu setzen in ihrem Leben, rastet sie völlig aus und fühlt sich kritisiert. Das ist ja kein Geistesblitz von mir, das liest man ja heute in jeder drittklassigen Zeitschrift, daß man sein Leben im Griff haben muß und sich organisieren soll. Das ist doch kein radikaler Vorstoß meinerseits, sondern dafür gibt es tausend Ratgeber. Aber wenn ich ihr Hinweise gebe, wie das in unserem konkreten Beispiel funktionieren könnte, dann wird sie so wütend.

Ich habe das Gefühl, daß sie wütend wird und Szenen macht, wenn ich etwas anspreche, was bei ihr nicht funktioniert, oder einen Punkt treffe, wo sie sich selber schwach fühlt. Sie arbeitet in einem Teilzeitjob und kann sich das selber einteilen, wie es ihr in den Kram paßt. Das hat natürlich viele Vorteile, auch für unsere Beziehung. Sie hat mehr Zeit für sich, sie kann das Management übernehmen, was unseren Alltag anbelangt und auch unsere Freizeitaktivitäten. So habe ich das gesehen, als sich dieses Muster bei uns herauskristallisierte. Sie meinte, sie kann nicht voll in einem Job stecken, und das fand ich o.k. Meiner Meinung nach sollte sie, da sie ja ungleich mehr Zeit und Muße hat, dann auch den größeren Teil des Alltagsmanagements für uns beide übernehmen, und als Gegenleistung habe ich die finanzielle Bürde auf mich genommen. Sie sieht das aber gar nicht so. Sie findet, wir sollten fifty-fifty machen. Aber dann sage ich: »Hallo, gnädige Frau! Wo ist dein gleicher Anteil? Zeig mal her, dein Gehaltskonto. Was steht denn da drauf? Und was steht auf meinem drauf?« Das ist einfach nicht zu vergleichen, und ich will ihr das auch nicht vorhalten. Aber wenn ich dann einmal ausraste wegen ihrer ewigen Nörgelei und Unzufriedenheit und ihrer ganzen Vorwürfe, weise ich auf meinen Anteil hin. Meiner ist eben der, daß ich dafür sorge, daß wir in einer wunderbaren, riesigen Altbauwohnung leben können. Und an der liegt ihr sehr viel. Ihr Alptraum war immer, sich irgendwo zusammendrücken zu müssen in einer winzigen Neubauwohnung. Sie wollte es großzügig haben. Sie hat viele Interessen, Tanz und Musik und Literatur, und besucht dauernd Kurse. Sie kann das alles haben. Aber sie kann mir dann nicht vorwerfen, daß ich nicht genug mache. Ich leiste meinen Anteil, und ich erwarte mir von ihr, daß sie dann – ohne sich ständig zu beschweren –- auch ihren Anteil leistet.

Ein typisches Beispiel: Wenn wir ins Kino gehen wollen, und ich schlage ihr das vor, dann sagt sie: »Okay – wenn du die Karten vorher abholst, dann ja, damit ich nicht eine halbe Stunde vorher bei der Kasse stehen muß.« Ich stehe auch nicht gern dort, bei kaltem Wetter ist es überhaupt sehr lästig. Ich sehe nicht ganz ein, warum ich aus dem Büro davonrasen soll, eine halbe Stunde früher als eigentlich gerechtfertigt ist, nur um dort diese blöden Karten zu besorgen. Sie kommt dann frisch frisiert und duftend zur Kinokasse, wo ich dann schon wie ein Blöder ewig herumgestanden bin, weil sie natürlich fünf Minuten zu spät kommt und dann sagt: »Es ist besser, ein bißchen später in den Saal zu gehen, zu Beginn ist eh nur Werbung.« Sie hat nicht einmal die Freundlichkeit, etwas früher aufzutauchen, damit wir vielleicht noch einen Kaffee trinken könnten. Ich lehne an einem trostlosen Kino-Espresso herum und warte auf die gnädige Frau, die an diesem Tag maximal drei Stunden gearbeitet hat. Ich hingegen habe schon seit sechs Uhr morgens gearbeitet. Wir haben Besprechungen, ich habe Unterricht, ich muß unterwegs sein, ich muß mich um das Management kümmern.

Bis zu einem bestimmten Punkt halte ich durch und sage nichts, weil ich mir denke, daß es nichts bringt, und im Grunde haben wir ja eine gute Beziehung. Ich gehe erst hoch, wenn sie mit ihrem Nörgeln anfängt. Ich finde das im Grunde furchtbar.

Szenen, die von ihr ausgehen, sind eigentlich reine Unzufriedenheitsinszenierungen. Sie macht Szenen, wenn sie selbst mit sich und ihrer Umwelt unzufrieden ist. Und wenn sie ihr Leben nicht im Griff hat. Das ist für mich völlig klar. Sie sagt immer, daß man mit mir nicht reden kann. Sie versucht es gar nicht, sondern brüllt eigentlich nur mit mir. Manchmal habe ich das Gefühl, sie ist von ihrem Wesen her komplett überdreht, auf Hochtouren geschaltet, und ich bekomme den Eindruck, daß es mit mir wirklich nichts zu tun hat.

Wenn sie sich hinsetzen würde und sagen: »Lieber Gabor! In meinem Leben ist das und das nicht in Ordnung, und ich möchte das richten, ich möchte einen besseren Job, oder ich möchte gar nicht arbeiten«, oder von mir aus: »Ich will mich einer großartigen Sache widmen.« Dann hätte sie meine volle Unterstützung. Oder wenn sie sagen würde: »Ich will voll arbeiten. Mach du zu Hause die Hälfte.« Ich würde wirklich meine idiotische Beratersache zum Fenster rausschmeißen, wenn sie das machen würde. Lieber heute als morgen. Ich mache das nur als Sicherheitspolster, weil ich ja nicht genau sehe, wie mein Gehalt unsere Kosten decken soll. Unsere laufenden Kosten sind nicht gering, von Ersparnissen für die Zukunft ganz zu schweigen. Wenn sie das machen würde, wenn sie sachlich darlegen würde, wie es ihr geht und was sie sich denkt und was sie tun will, dann könnten wir uns hinsetzen und einen Konsens finden.

Schneide ich diese Themen an, dann wird sie fürchterlich aggressiv. Sie springt auf und schmeißt die Türen. Stürmt hinaus, egal zu welcher Tages- oder Nachtzeit. Dann kommt sie wieder und sitzt in einem Eck. Dann muß ich hingehen und mich um sie bemühen. Ich kenne diese Abläufe schon. Sie brüllt: »Rühr mich nicht an!« Aber wehe, ich halte mich daran. Wenn ich mich entferne, muß ich mir am nächsten Tag anhören: »Du bist eiskalt, und meine Gefühle sind dir egal!«

Im Grunde bin ich damit in einer Situation, wo es keine richtige

Bewegung gibt. Das habe ich am Anfang irgendwie exotisch gefunden. Ich habe niemanden gekannt, der mit sich in dieser Art und Weise umgeht. Anfangs habe ich das witzig gefunden, und wir haben uns dann anschließend versöhnt. Meistens im Bett. Aber nach sieben, acht Jahren nützt sich das ab, und ich sehne nur mehr das Ende herbei, wie nach einem Gewitter, das über einem niedergeht und von dem man weiß, daß es nicht lange dauert. Nur kann dann auch ein Sturzregen niedergehen, und man muß aufpassen, daß man von der Überschwemmung nicht mitgerissen wird. Also ich habe schon das Gefühl, daß ich sehr vorsichtig sein muß. Bei mir schleicht sich jetzt auch schon ein Mißtrauen ein. Kann ich auf diese Frau zählen? Wie weit ist sie zurechnungsfähig? Ich glaube, daß viele Frauen so sind wie meine Frau. Ich glaube nicht, daß ich in einer Ausnahmesituation bin.

Früher sagte ich mir, und man hört diese Theorie ja oft, daß man sich den Partner sucht, der einen ergänzt. Und ich dachte mir, vielleicht ist sie die ideale Ergänzung zu meiner Ruhe und Ausgeglichenheit. Vielleicht ist das irgendwie auch ein Attribut in meinem Leben, das ich verdränge, und sie verkörpert es. Vielleicht wäre es sonst zu langweilig. Aber ich glaube mittlerweile, daß das alles nicht stimmt. Das sind alles nur Rechtfertigungen. Im Grunde wäre es mir viel lieber, wir könnten uns freundlich hinsetzen und ganz ruhig unsere Konflikte besprechen. Zum Beispiel wie in einer Geschäftsbeziehung. Ich weiß, wenn ich Verträge mache, gibt es auch Kämpfe. Aber auch Kompromisse. Und ein guter Vertrag kommt dann zustande, wenn keiner der beiden Parts das Gefühl hat, über den Tisch gezogen worden zu sein. Aber sobald man etwas mit Druck, mit Gewalt, mit Tränen und Wut durchgesetzt hat, dann ist es für die andere Seite nicht mehr soviel wert. Im Grunde bleibt nach exzessiven Auseinandersetzungen immer ein schlechtes Gefühl zurück. Wie lange halte ich das durch? Will ich mir das antun? Das sind so leise Gedanken, die sich bei mir einschleichen.

Sie fragen mich, was ich an Rebecca tatsächlich mag. Ich mag einfach sie. Sie ist hübsch, sie ist toll, sie ist clever, sie ist unheimlich schnell in allem. Sie ist lebendig, und sie gefällt mir einfach gut. Ich finde sie ansprechend und bin immer noch verliebt in sie. Aber mir kommt vor, daß ihr – wie so vielen anderen Frauen – ein gewisser Realitätsanteil fehlt. Sie hat nie für etwas kämpfen müssen. Ihr fällt es gar nicht ein, daran zu denken, was mit ihr passiert, wenn es uns nicht gutgeht. Ich habe es einmal thematisiert, ob sie sich nicht gerne etwas Eigenes aufbauen möchte. Sie ist ja mittlerweile auch schon dreißig Jahre alt. Da sollte man schon eine konkrete Vorstellung davon haben, was man mit seinem Leben anfangen möchte.

Daraufhin ist sie richtig zusammengebrochen. Sie hat geweint und mir sehr leid getan. Sie meinte, ob sie mir zu alt sei und ob ich eine Jüngere möchte. Sie hat die ganze Diskussion nur darauf bezogen, ob ich sie noch liebe und noch schön finde, oder sie finanziell abschütteln will, damit ich mich von ihr trennen kann. Sie hat danach angefangen, mir nachzuspionieren. Ich habe es bemerkt, weil sie wiederholt in meinen Sachen herumgestöbert hat. Sie hat offensichtlich nach irgendwelchen Beweisen gesucht, daß ich eine Freundin habe. Mich hat das so beeindruckt, weil das gar nicht zu ihr paßt. Sie wirkt so selbstsicher und so toll nach außen. Sie tritt mit großer Entschiedenheit auf. Aber wie kann sie sich so klein machen?

Mich würde es beruhigen, wenn sie ein bißchen mehr an ihrer Selbständigkeit arbeiten würde. Mir kommen ganz banale Sorgen. Unsere Absicherung ist ja nicht so toll, und falls mir wirklich mal was zustoßen sollte – ich flieg ja viel in der Welt herum –, steht sie blöd da und wird mit sehr wenig Geld auskommen müssen. Ich fände es besser, wenn sie ihr Leben in die Hand nehmen würde und sich ein bißchen weniger mit mir beschäftigte. Mit mir soll sie sich schon auch beschäftigen, das ist mir nicht unangenehm. Aber sie soll nicht ständig an mir herumarbeiten, sondern die Zeit mit mir genießen. Sie hat ja im Grunde genug Zeit für sich, um sich zu erholen und zufrieden zu sein.

Eine große Auseinandersetzung hatten wie anläßlich der Diskussion über Kinder. Sie wollte mal Kinder haben, und ich war auch dafür. Ich komme selbst aus einer Familie, in der es eine große Verwandtschaft gibt. Ich habe drei Brüder. Wir hatten es immer lustig, und wir haben auch jetzt noch eine enge Beziehung. Als sie sagte, sie wollte ein Kind haben, war ich total dafür. Als sie gemerkt hat, daß sie bei mir offene Türen einrennt, hat sie aber einen Rückzieher gemacht. Sie fragte, wie das gehen soll. Unser Leben würde sich radikal verändern, weil sie dann furchtbar angehängt wäre. Sie könnte mich nicht mehr auf berufliche Reisen begleiten, sondern müßte beim Kind bleiben. Dem konnte ich nicht widersprechen. Das ist eben so. Wenn man Kinder hat, müssen Abstriche gemacht werden. Sie hat das überhaupt nicht akzeptieren wollen. Also hat sich die Sache dann relativ schnell erledigt. Mir hat es leid getan, aber ich habe nicht gesehen, daß ich mich da groß hervortun kann, weil *sie* ja schließlich das Kind bekommt. Später hat sie mir dann vorgeworfen, daß ich mich nicht genug eingesetzt hätte, als sie sich ein Kind gewünscht hat. Ich hätte mich nicht darum bemüht, daß sie schwanger wird, warf sie mir vor.

Also, das ist lächerlich. Sie nimmt schließlich die Pille. Ich wies sie darauf hin, daß sie die Pille zu keiner Zeit abgesetzt hatte. Wie sollte ich mich da um ihre Schwangerwerdung bemühen? Sie erwiderte: »Wenn du wirklich ein Kind gewollt hättest, hättest du mir die Pille wegnehmen und sie verstecken können.« Da war ich am Ende und sprachlos. Ich fragte sie, ob sie mit mir dann geschlafen hätte, wenn ich ihr die Pille weggenommen hätte. Ja, meinte sie, das hätte sie getan, weil es für sie ein echter Liebesbeweis gewesen wäre. Ich sagte nichts mehr und dachte mir nur noch, daß die Weiber spinnen.

Eine Schlußfolgerung, die wir ihm nicht verübeln. Was denkt sich diese Rebecca? Wir müssen sie gar nicht kennen, um uns in sie »hineinzufühlen«, denn ihre Gedankengänge sind klassische Frauenlogik aus Anno dazumal. Nach dieser Logik besteht ihre Macht über den Mann, und damit ihre Sicherheit und Versorgung, aus seiner emotionalen Bindung an sie.

Für das menschliche und gesellschaftliche Leben gilt ein physikalischer Grundsatz: Was stabil ist, ist im Gleichgewicht. Der Tisch ist gerade, weil alle vier Beine gleich lang sind. Preis und Ware, Arbeit und Lohn, Angebot und Nachfrage: Wenn sie im ausgewogenen Verhältnis zueinander stehen, dann herrscht Stabilität. Auch instabile Zustände lassen sich aufrechterhalten, doch das erfordert zusätzliche Mühe. Die vielen gehorchen den wenigen, weil die wenigen sie mit Waffengewalt terrorisieren oder ihnen einreden, daß Gott ihre Unterwerfung wünscht. Der Süchtige zahlt für die Droge jeden Preis, weil sein Bedürfnis so stark ist, daß alle anderen Überlegungen weggewischt werden. Die Eltern lassen sich vom hilflosen, schwachen, lästigen, kleinen Kind terrorisieren, weil sie es lieben. Der Familienhund, der nichts zum Unterhalt der Familie beiträgt, keine Schafe hütet und keine Einbrecher verjagt, wird trotzdem gefüttert, weil man ihn süß findet.

Frauen waren über Jahrhunderte gezwungen, aus einer Position extremer Schwäche heraus in einer instabilen Situation zu agieren. Ihr Mann konnte sie verstoßen, sie aber konnten sich nur unter sehr ungewöhnlichen Umständen scheiden lassen. Ihr Mann hatte Bildung, Einkommen, gesetzliche Rechte, gesellschaftlichen Respekt und bewegte sich frei in der Welt; sie aber waren ungebildet, abhängig, rechtlos und eingeschränkt in ihren Bewegungen. Sie hatten keine Gleichheit. Sie konnten nicht aufstehen und weggehen. Sie konnten sich nicht alleine durchbringen. Ihre Sicherheit in dieser äußerst mißlichen Lage bezogen sie primär von seinen Gefühlen. Wenn sie ihn dazu bringen konnten, ihnen Gefühle entgegenzubringen, dann konnten sie diese Gefühle auf die Waagschale werfen, und es entstand eine Art von Pseudogleichheit. Es standen verschiedene Gefühle zur Auswahl. Wenn er sie sehr begehrte, konnten sie ihn verführen, sich verweigern, sich zieren und durch verschiedene sexuelle Spielchen ihren Willen durchsetzen. Wenn er sehr fromm war, würden seine religiösen Gefühle ihn dazu bringen, eine Ehefrau gebührlich und gütig zu behandeln und ein Leben lang zu versorgen. Wenn er gern seine Ruhe hatte und Konflikt schlecht vertrug, konnten sie ihn mit schlechten Launen und Szenen und Anfällen erpressen, bis er um des Friedens willen nachgab. Wenn er zwar seine Frau nicht mehr liebte, aber an seinen Kindern hing, dann konnten sie seine Gefühle für die Kinder nutzen, um ihre Position in der Familie zu stärken.

Im Mittelalter hätten Rebeccas Handlungen Sinn ergeben, aber heute sind sie nur entschlüsselbar, wenn wir sie durch eine mittelalterliche Brille betrachten. So mancher Konflikt zwischen Gabor und Rebecca ist in Wirklichkeit ein Konflikt zwischen dem Mittelalter und dem Jahr 2000. Damit machen wir Gabor übrigens nicht zuviel Ehre. Zufällig ist er in den genannten Beispielen derjenige, der das Jahr 2000 vertritt. In Summe aber neigen Männer nicht weniger als Frauen dazu, sich in einen mittelalterlichen Geschlechterhabitus hineinzuversetzen, wenn es ihnen gerade in den Kram paßt.

Rebecca will keinen vollen Bürojob, weil sie ihre Freiheiten liebt. Sie will Zeit haben für ihre Hobbys. Sie pflegt sich gerne, schläft sich gerne aus. Wie sie ihr Leben gestalten möchte, überläßt Gabor ihr. Sie kann zu Hause bleiben oder voll arbeiten, sie kann sich einer karitativen Sache widmen oder Geld verdienen. Sie soll nur sehen, daß jede Entscheidung mit Begleitumständen verbunden ist. Wenn sie weniger verdient, aber keine Einschränkungen im Lebensstandard akzeptieren möchte, dann muß er mehr verdienen. Um mehr zu verdienen, muß er mehr Stunden arbeiten. Wenn er mehr arbeitet, ist er müder. Um das Gleichgewicht zu wahren, müßte sie ihn zu Hause entlasten. Viele Wahlmöglichkeiten stehen vor ihr, alle mit einer unterschiedlichen Rezeptur, aber mit denselben Ingredienzen. Hausarbeit, Lohnarbeit, Einkünfte, Ausgaben, Arbeitsstunden, Freizeit. Wie in der Hausaufgabe des Volksschulkindes, das möglichst viele Kombinationen für die Summe »10« bilden soll, können diese Versatzstücke in vielfältigerweise kombiniert werden.

Rebecca kann sich finanziell von Gabor unterstützen lassen und dafür im Haushalt mehr Arbeit übernehmen. Sie kann für wohltätige Zwecke arbeiten, weniger verdienen und in eine kleinere Wohnung ziehen. Sie kann Karrierefrau werden, gleich viele Stunden arbeiten wie Gabor und sich nach Dienstschluß mit ihm die Hausarbeit teilen. Sie können beide Überstunden machen und mit dem zusätzlichen Einkommen einen Putzdienst beauftragen. 5 plus 5, 4 plus 6, 7 plus 3, vieles würde sich ausgehen, aber Rebecca will die Mathematik in den Wind werfen. Sie will es gemütlich haben, ihren Neigungen folgen, nur soviel arbeiten, wie ihr Spaß macht, sich vom Zweit-Job ihres Partners weiterhin eine große Wohnung leisten, aber nur die politisch korrekte, feministische Hälfte der Hausarbeit erbringen. Und warum soll Gabor das akzeptieren? Weil er sie liebt. Weil er müde ist und keine Szenen will. Weil Reste des ritterlichen Denkens ihn dazu disponieren, der Geliebten Unannehmlichkeiten zu ersparen. Wenn die Substanz stimmt und ein grundsätzliches Gleichgewicht gegeben ist, dann ist gegen symbolische Liebesdienste nichts einzuwenden. Hier aber ist die Substanz schief. Gabor hat ganz recht mit seinem Eindruck, daß Rebeccas Szenen nicht so sehr ihn betreffen als ihre eigenen inneren Zweifel und Probleme.

Gabor schlägt ihr vor, sich beruflich weiterzuentwickeln. Rebecca ist sofort mißtrauisch: Warum will er das? Es gibt zwei Möglichkeiten. Entweder er meint es gerade so, wie er es darstellt, ganz straight. Rebecca ist dreißig, ein Alter, in dem man beruflich zumindest schon seine Richtung gefunden haben sollte. Die Welt ist unsicher und voll des Risikos. Er kann seinen Job verlieren, in seinem Nebenjob Probleme haben, bekommen oder einen Unfall haben. Rebecca sollte in der Lage sein, sich notfalls alleine durchzubringen oder, falls das notwendig wird, einen größeren Beitrag zum gemeinsamen Einkommen beizusteuern.

Oder, die zweite Möglichkeit, Gabor führt Böses im Schilde. Er liebt sie nicht mehr, hat eine Freundin und will sie loswerden. Vorher aber will er, um sein Gewissen zu beruhigen und seine Alimentationszahlungen zu reduzieren, sie finanziell gestärkt wissen.

Rebecca, die durch ihre Abhängigkeit paranoid geworden ist und ihren Lebensstil mit zuviel Freizeit ausgestattet hat, die sie mit dem Grübeln über Gefühle und Beziehungen füllt, tippt auf die zweite Deutung und gerät in

Panik. Damit schleudert sie sich von einer Irrationalität in die nächste.

Entweder sie kann Gabor vertrauen, und er liebt sie noch, hat keine Freundin, und sein Rat ist freundlich und ehrlich gemeint: Dann sollte sie ihn befolgen, zumindest aber ernsthaft darüber nachdenken. Oder Gabor ist ein hinterhältiger Betrüger, liebt sie nicht mehr und hat schon längst eine Geliebte und den Plan gefaßt, sie zu verlassen. Auch dann tut sie gut daran, seinen Rat zu befolgen und sich schleunigst selbständiger zu machen.

Rebeccas Weg, einen emotionalen Zusammenbruch zu bekommen, danach hinter ihm herzuspionieren und sich so jammervoll aufzuführen, daß der Partner Mitleid hat und sie beruhigt, ist nur sehr kurzfristig zielführend. Rebecca klammert sich an eine Phantasiewelt. Sie will Geld, aber nicht arbeiten, ein Kind, aber dafür keine Freiheit aufgeben, Einkaufen gehen, aber keine Pakete tragen, ins Kino gehen, aber nicht um Karten anstehen, eine gleichberechtigte Partnerin sein, aber sich wie ein launisches Kind benehmen.

Das ist immer noch normal. Einige lästige Kehrseiten ihrer Wünsche können Menschen an einen Zustelldienst oder einen Dienstleistungssektor abschieben. Weitere ungeliebte Arbeiten kann man oft loswerden, indem man sich auf die tradierte Geschlechtsrolle zurückzieht. Wer sich als Pascha geriert, kann seine Partnerin zum Kochen, Bügeln und Bedienen bewegen. Wenn Sie das Weibchen spielen, stellt Ihr Partner sich an der Kinokasse an und wechselt die Zündkerzen. Spielen Sie das mit unserem Segen – es hat Grenzen, und wer die nicht kennt, ist, wie Gabor richtig sagt, vom Realitätsverlust bedroht.

Rebecca zieht alle Register des alten Geschlechterspiels, und viele Frauen tun es ihr gleich. Die meisten fühlen sich sogar gut dabei, bestätigt in der Kraft ihrer Weiblichkeit.

Mit der Zeit wird das Verhalten zwanghaft. Die ersten Szenen und Auftritte, zu Beginn der Beziehung, sind belebend und kommen beim Mann gut an; dieses anfängliche Knistern will die Frau immer wieder entfachen und erkennt nicht, daß das Zusammenleben längst in eine andere Phase eingetreten ist. Anfangs findet der Mann es sexy, daß da ein fremdartiges weibliches Lebewesen plötzlich ausrastet, völlig extrem, tobt und weint und droht und Sachen zertrümmert, umworben werden muß und getröstet werden kann. Er, der nüchterne Sachliche, sieht sich plötzlich mitten in seinem ganz privaten Edward-Albee-Stück, David-Mamet-Stück, in seiner höchst persönlichen Operette. Aber das nutzt sich ab. Das Gegenüber denkt nicht mehr: Aufregend, dieser Blick in einen ganz fremden Gefühlshaushalt! Sondern es denkt: Kann ich diese Person überhaupt ernst nehmen?

Frauen sehen Männer als Amateure, als Stümper in Gefühlssachen. Gleichzeitig erwarten sie von ihnen therapeutische Glanzleistungen, die einen Reich oder Freud überfordern würden. Er soll wissen, wann sie ernst zu nehmen sind und wann sie zu ihrem Glück gezwungen werden wollen, wann sie nur aus einer Laune heraus vor sich hin plappern, ohne es zu meinen, und wann ihre Worte Gewicht haben.

Wenn der Mann bei dieser Aufgabe versagt, wirft die Frau ihm vor, eben keine Sensibilität, kein Gespür für Stimmungen und Situationen zu haben, aber Gabors Interpretation halten wir für treffender. Es sind oftmals ihre eigenen Schwächen und Versagen, die Frauen wie Rebecca in Streitlust versetzen. Sie möchte nicht wirklich, daß ein Partner ihre Verhütungsmittel beschlagnahmt und sie zu einer Schwangerschaft zwingt. Das von ihr nachträglich skizzierte Wunschszenario ist fast so schlimm wie eine Vergewaltigung und kann nicht ihr Ernst sein. Wie Gabor richtig vermutet, hätte er mit dieser neandertalschen Holzhammermethode keinesfalls gepunktet, sich nicht vermehrt, sondern wäre eher und verdienterweise mit einer sehr langen sexuellen Durststrecke bestraft worden. Was im Ansinnen seiner Partnerin zum Ausdruck kam, ist die Phantasie, aus der mündigen Mitverantwortung entlassen zu werden. Sein Wunsch soll so stark sein, daß er ihre Zweifel wegspült. Wenn Probleme und Unannehmlichkeiten folgen, ist er schuld und trägt die Hauptverantwortung. ER wollte es ja so dringend, nicht sie. SIE hat die Probleme kommen gesehen. Und hat erneut Stoff für nervliche Entlastungsszenen, Vorwürfe und dramatische Auftritte.

Wenn man im Strudel der Gefühlswirren steckt; wenn man weiß, daß man faul ist und einen Tritt in den Allerwertesten braucht; wenn man weiß, was man eigentlich ändern sollte, sich dazu aber aus Angst oder Bequemlichkeit nicht durchringen kann, dann ist es in der Tat sehr irritierend, einen Vortrag über Logik und Intelligenz zu hören. Irritierend, aber potentiell heilsam. Viele Frauen verstehen es statt dessen, den Vortrag zu unterbrechen, indem sie die Diskussion auf die Emotionsschiene stellen. »Solltest du nicht eine bessere Arbeit annehmen?« »Du liebst mich nicht.« »Willst du nicht endlich deine Diplomarbeit abschließen?« »Ich hab's gewußt – du hast eine Freundin.«

Der gerade erzählte Fall erinnerte uns an die Worte einer Bekannten, der 38jährigen Heiltherapeutin Franziska. Als sie vom Thema unseres Buches erfuhr, fühlte sie sich an die ersten turbulenten Jahre ihrer nunmehr 16jährigen Ehe erinnert.

Wir haben viel gestritten. Wir sind zwei rechthaberische, starke Persönlichkeiten, und nichts anderes war zu erwarten. Worum es ging, könnte ich heute nicht mehr sagen. Aber ich erinnere mich, als ob es gestern gewesen wäre, an zwei Sätze, die Martin im Zuge unserer Streitigkeiten sprach. Diese Sätze haben mich damals so geärgert, so in Rage gebracht, daß sie sich in meine Erinnerung eingeätzt haben, unvergeßlich. Beim ersten Streit entstand ein Wortwechsel, und ich warf ihm vor, kaltherzig und gemein zu sein und auf mich keine Rücksicht zu nehmen, etc. etc., und dann sprach ich den Satz: »Schließlich hab ich auch noch Gefühle!« Und er biß zurück: »Manchmal denk ich, du hast überhaupt nichts anderes als Gefühle!« Dieser Satz hat mich sprachlos gemacht, ich sah ihn als Monster, als eine Art Attila der Hunnenkönig, brutal und frostig. Heute aber glaube ich, daß dieser Wortwechsel sich deshalb so eingeprägt und mich deshalb so extrem irritiert hat, weil es irgendwie stimmte. Es stimmte, daß ich in Auseinandersetzungen sofort auf den Gefühlszug aufsprang, als man noch längst hätte sachlich und freundlich diskutieren können. Aber schwups, ich war sofort auf emotionalen Hochtouren. Ich würde es ihm gegenüber nicht zugeben, aber sein Satz hat mich aufgerüttelt und mir zu denken gegeben, und letztlich hat mir das gutgetan.

In der Einleitung zu diesem Buch haben wir angekündigt, daß Frauen auf dem Gefühlssektor von Männern lernen können. Als Vertreter einer deutlichen Konträrposition sind sie ein wertvolles Korrektiv für das hektische Zuviel an Gefühl und für die heillose Überbewertung jeglichen Gefühls der Frauen. Es ist wie an der Börse: Was grundlos zu hoch bewertet wird, braucht eine Korrektur, sonst folgt ein Crash.

Daß Männer gefühlsärmer sind, ist ein altes Klischee und dennoch nicht ganz falsch. Die Wiener Therapeutin Ruth Werdigier erlebt das ständig in ihrer Praxis und hat eine lustige Übung dafür entwickelt: »Männer haben oft keine Vokabeln für Gefühle. Wenn ich sie frage, wie sie sich in einer bestimmten Situation gefühlt haben, dann antworten Männer mit: gut, oder schlecht. Das ist die einzige Unterscheidung, die sie haben. In der Therapie legen wir uns dann gemeinsam eine Reihe von Zusatzvokabeln zu. Wir machen ein Liste. In späteren Gesprächen zeige ich dann diese Liste her und frage: Wie haben Sie sich gefühlt? Schauen Sie auf die Liste, und sagen Sie es mir. Und dann lernen sie tatsächlich, das Wort für das jeweilige Gefühl zu finden. Es gibt auch diese Abwehr, wenn ich zum Beispiel sage: Da haben Sie sich aber sehr gekränkt gefühlt. Die Antwort lautet dann meistens: Nein, wieso? Und dann arbeiten wir miteinander, und wir nähern uns diesem Gefühl der Kränkung. Und irgendwann kommt der Satz: Ja, vielleicht haben Sie recht. Es war eine Kränkung. Es gilt noch immer als Gütesiegel, keine oder nur ganz wenige Gefühle zu haben.«

Das Bild, das dieser Bericht ins Leben ruft, ist amüsant und wahrscheinlich für die meisten Frauen nachvollziehbar. Es gibt Gefühle, die in den Augen vieler Männer immer noch absolut unmännlich sind und die sie zu besitzen abstreiten. Den Weg verloren und keine Ahnung zu haben, wo sie sich befinden, Angst zu haben, nervös zu sein, einer Entscheidung entgegenbangen – es gibt Männer, die sich lieber alle zehn Fingernägel ausreißen lassen, als so ein Gefühl einzugestehen. Es ist lustig sich vorzustellen, wie ein solcher Mann, nachdem es ihn schließlich durch eine unübersehbare Lebenskrise in die Kammer einer Therapeutin verschlagen hat, sich anhand einer Liste wie ein Schuljunge damit abmüht, die Vokabeln der Gefühlswelt zu pauken.

Doch ehe wir uns in die vertraute Arroganz unserer oh! so erhabenen Kompetenz auf diesem Sektor begeben, hören wir uns lieber an, was Dr. Werdigier zu diesem Thema sonst noch zu sagen hat. Sicher, Männer mögen Gefühle nicht hoch genug bewerten. Aber Frauen bewerten sie mitunter viel zu hoch. »Gefühle sind noch keine Aktionen«, merkt sie richtig an. »Das muß man sich vergegenwärtigen. Durch Gefühle allein ist noch nichts passiert.«

Das müssen Männer lernen, aber Frauen auch. Männer müssen lernen, daß sie Angst empfinden dürfen, weil sie deshalb noch lange nicht feige handeln müssen, daß sie eine Kränkung wahrnehmen können, ohne dann auch als gekränkte Leberwurst in kindlichen Trotz zu verfallen. Männer müssen lernen, daß ein Gefühl einer Handlung vorausgeht, damit sie ihre Handlung und diejenigen anderer Menschen besser verstehen.

Frauen brauchen die umgekehrte Erkenntnis. Sie müssen lernen, daß auf ein Gefühl eine Handlung folgen muß, damit sie es nicht beim Gefühl bewenden lassen und somit nicht weiterkommen. Frauen empfinden zu stark. Überwältigt von Gefühl, gewinnen sie den Eindruck, daß etwas passiert sein muß, sonst würden sie sich nicht so betroffen fühlen. Aber es *ist* noch nichts passiert, es muß erst etwas getan werden, und zwar am besten durch sie

selbst, durch eine eigene überlegte, durchdachte, sinnvolle Handlung. Die Person muß ihr Gefühl erkennen
und dann rational weiter überlegen, welche nötigen Aktionen sich daraus ableiten.

Kapitel 11
Das Geschlecht der Gefühle

Wie stellt sich ein klassisch weibliches emotionales Konfliktverhalten dem männlichen Auge dar? Nicht unbedingt so, wie unsere angehenden Oscar-Anwärterinnen sich das vorstellen. Die vermeintlich beeindruckende Theatralik erleben sie oftmals nur als bemitleidenswerten Kontrollverlust. Wenn Sie nicht Sarah Bernhardt heißen, feilen Sie vielleicht besser an Ihren Argumenten als an Ihren Auftritten.

Beobachten Sie Ihre Tochter oder andere Mädchen zwischen zehn und 16. Denken Sie an Ihre eigene Mädchenzeit zurück. Sie werden feststellen, daß das Verhalten von Mädchen untereinander deutlich operettenhafte Züge trägt. Die beste Freundin spricht mit einer anderen, schon spielt es Madame Butterfly. Untröstlich lungert das Fräulein Tochter herum, weil Lissi und Susanne so verdächtig miteinander geflüstert haben, als sie an ihnen vorbeiging. Bestimmt haben sie sich über sie lustig gemacht! Dabei dachte sie immer, daß Lissi ihre beste, treueste Freundin sei! Pathos! Tragödie! Die kleinste Kleinigkeit, schon sind sie beleidigt, gerührt, Freundinnen für ewig, Feindinnen für immer, niedergeschmettert, euphorisch.

Geplagte Lehrkräfte bezeichnen das, was die Mädchen da untereinander inszenieren, als Beziehungsterror. Dazu gehören Szenen. Extravagante Drohungen, heftiges Leid, Trotz und Verschlossenheit, der blasse Gram der heiligen

Märtyrerin. Als Mädchen und als Teenager üben sich Mädchen in der Inszenierung heftiger Gefühlsauftritte in privaten Beziehungsfragen. Und sie machen das untereinander. Den Buben gegenüber agieren sie anders und, wenn Sie uns den Ausdruck gestatten, normaler. Einmal, weil die meisten von ihnen in diesem Alter mit Buben noch keine emotional heftigen Bindungen pflegen – das Gefühl reservieren sie in dieser Lebensphase noch für die intime Busenfreundin oder die Clique. Und zweitens weil sie sehr genau wissen, wie die Buben auf eine solche Szene reagieren würden, nämlich mit Hohn und Spott.

Das ist doch sehr interessant und paradox. Die Mädchen üben ein heftig emotionales Konfliktverhalten. Die anderen Mädchen reagiern gut darauf, d. h., sie verstehen genau, was die andere mit ihrem Auftritt vermitteln will, und verständigen sich auf dieser Ebene. Doch welchen Sinn hat dieses Üben? Im späteren Leben tragen Frauen ihre Konflikte untereinander kaum noch so aus. Die volle Wucht ihrer Dramatik heben sie sich für Männer auf. So manche erwachsene Frau spult in ihrem Liebesleben die Auftritte herunter, die sie als Teenager mit ihren Freundinnen geprobt hat. Sie ist stundenlang beleidigt und nicht ansprechbar, bauscht Kleinigkeiten unendlich auf, gibt sich Launen hin, liefert wegen einer Banalität eine Selbstmordszene. Und sie tut das, obwohl sie schon mit elf Jahren wußte, daß männliche Personen diese Art von Diskurs eigentlich lächerlich finden. Oder ändern Männer später vielleicht ihre Meinung? Sind sie als Erwachsene zugänglicher und empfänglicher für den weiblichen Gefühlsexzeß?

Eigentlich nicht, findet Markus. Markus ist 35, seit zwölf Jahren verheiratet mit Antonia, und laut eigener

Aussage Veteran vieler heftiger Beziehungskämpfe. »Gott sei Dank«, meint er, habe sich das mittlerweile gelegt, habe sich die Beziehung stabilisiert. Mitterweile gibt es in seiner Ehe zwar Streit, aber nicht mehr die apokalyptischen Szenen von früher. Aus der sicheren Distanz der ruhigeren Gegenwart blickt er für uns zurück auf die Grauen der Vergangenheit.

»Antonia«, erklärt er uns, »war meine erste richtig ernste Beziehung. Davor hatte ich Freundinnen, aber das waren lockere Geschichten. Antonia war die erste Frau, mit der ich zusammenlebte. Tisch und Bett und Tag und Nacht teilte.«

Daß man in einer Beziehung auch streiten würde, war Markus natürlich klar gewesen. Nicht vorbereitet jedoch war er auf Art und Heftigkeit von Antonias Streitverhalten. »Es war wirklich sehr extrem. Sie weinte, sie schrie, sie zerriß ihre Kleider, sie zerschnitt meine Krawatten. Sie fetzte unsere Fotos aus dem Album. Ein paarmal hat sie sich absichtlich mit der Klinge einer Schere am Handgelenk geschnitten.«

Ein solches Verhalten hatte Markus noch nie erlebt. »Wie ich darüber dachte? Ehrlich gesagt, daß sie verrückt ist. Im ursprünglichen Sinn. Nicht total verrückt, denn die meiste Zeit war sie ja normal, und in ihrem Berufsleben eine seriöse Person, die von allen ernstgenommen wurde. Aber ihr Verhalten im Streit war so irre, daß ich dachte, sie müsse ein bißchen krank sein.«

Auch Antonia ist heute der Meinung, daß ihr damaliges Verhalten übertrieben war. In zwei Punkten sieht sie es ganz anders als Markus. Was Markus an ihren Exzessen besonders erschreckend fand, war die Plötzlichkeit. Gerade war noch alles in Ordnung, und dann wumm!

Ohne Warnung stand man vor dem Abgrund. Und erschreckend war die Nichtigkeit des Anlasses. Seine Eltern – mit denen sie sich nicht gut verstand – mußten bloß anrufen und sich für das Wochenende ankündigen, schon standen Mord und Selbstmord auf dem Programm.

Antonia stellt es anders dar. Plötzlich? Das war nicht plötzlich. Das braute sich über Stunden zusammen, und was sie zur Raserei brachte, war präzise sein stures Übergehen aller Signale, seine Weigerung, die Diskussion rechtzeitig aufzunehmen und sich auf ihre Stimmung einzulassen. Erst dadurch, durch seine brutale kaltherzige Distanz geriet sie so in Fahrt.

Also Ehrenwort, schwört Markus. Bis zu dem Augenblick, in dem sie bereits durch das Wohnzimmer tobte, habe er nichts bemerkt. Und der Anlaß war nie trivial, korrigiert Antonia. Das heißt, der jeweilige Auslöser mag trivial ausgesehen haben, aber es ging jedesmal um viel mehr. Der Anlaß war dann bloß symbolisch, die Spitze eines Eisbergs, so massiv, so bedrohlich, daß Markus ihn nicht übersehen haben konnte. Ehrlich, schwört Markus. Für ihn waren keine Zusammenhänge erkennbar. Eine Stecknadel fiel zu Boden, und ratsch, der Dritte Weltkrieg brach aus.

Und aus strategischer Sicht? Wie würde Markus das heute beurteilen – hat Antonia sich mit ihrer Strategie wenigstens durchsetzen können? War er so geschockt, so perplex, dermaßen weggefegt von diesem ungewohnten Benehmen, daß er nachgab? Markus überlegt. Sicher, er hat oft nachgegeben. Bloß, das hätte er auch ohne diese exzessiven Auftritte getan. »Ich liebte sie ja. Ich wollte mit ihr gut auskommen, ich hab sie geheiratet, ich hatte vor, mein ganzes Leben mit ihr zu verbringen. Es hätte genügt, wenn sie mir anders mitgeteilt hätte, daß sie unzufrieden oder unglücklich ist, irgendwas will oder nicht will. Wenn ich sage, ja, es hat gewirkt, dann stimmt das so auch wieder nicht. Es hat gewirkt, aber ein ruhiges Gespräch hätte genausogut gewirkt. Ihre Reaktion stand in keinem Verhältnis zum jeweiligen Anlaß. Ehrlich gesagt versteh ich das bis heute nicht, ich bin nur froh, daß sie damit aufgehört hat. Und rückblickend bin ich davon überzeugt, daß es weder mit mir etwas zu tun gehabt hat noch mit unserer Beziehung. Das war ganz alleine sie, sie und ihr Innenleben.«

Was kann da »innen« losgewesen sein? Auch Antonia hat keine richtige Erklärung, sondern ist in erster Linie froh, diese Epoche hinter sich zu haben. Als außenstehende Betrachter können wir zumindest eins festhalten: Antonia hat ihre »Positionierung« in dieser Beziehung vollkommen falsch eingeschätzt, hat sich weit unter ihrem Wert eingestuft. Drücken wir es bildlich aus. Sie kennen die Szene: Jemand muß dringend in einen Raum hinein, den er für versperrt, verbarrikadiert und verriegelt hält. Er nimmt Anlauf, saust los, wirft sich mit voller Kraft gegen die Tür, die gar nicht zugesperrt war und seinem Ansturm sofort nachgibt. Es hätte genügt, die Klinke ganz normal in die Hand zu nehmen, und die Tür hätte sich auf konventionelle Art, ohne besondere Mühe, mit sanftem Druck öffnen lassen.

Antonia wittert bei jeder Auseinandersetzung den totalen Krieg. Es ist ihr nicht möglich, eine Forderung oder einen Wunsch zu formulieren, ohne schon mit einer Niederlage zu rechnen. Sie glaubt, sich mit normalen Methoden nicht durchsetzen zu können und greift daher sofort zum schärfsten Geschoß.

Frauen wie Antonia sollten in ihren Beziehungen einen Merksatz beherzigen. Ein leichter Druck *muß* genügen. Wenn die Tür des gegenseitigen Entgegenkommens versperrt und verriegelt ist, und es handelt sich nicht um eine absolute Ausnahmesituation oder Notlage, dann ist die Beziehung sowieso nicht zu retten und sollte auf keinen Fall durch irgendwelche Dramen und Drohungen künstlich beatmet werden.

Antonia verfolgte mit ihrem Verhalten durchaus einen Zweck. Sie wollte Markus zeigen, wie schlecht es ihr ging, damit er aus Sorge und Mitleid nachgab. In der psychologischen Fachsprache wird das als »sekundärer Gewinn« beschrieben und definiert als »Übertreibung des empfundenen Schmerzes, um daraus einen besonderen Vorteil oder eine ungewöhnliche Rücksichtnahme zu erzielen«.

In seinem Buch *Emotional Resilience* beurteilt der anerkannte Psychologe Viscott diese Methode sehr kritisch:

»Es ist für das Wohlbefinden immer schädlich, Schmerz und Schaden übertrieben darzustellen. Das ist eine Methode für Menschen mit niedriger Selbstachtung, die sich davor scheuen, sich einer Auseinandersetzung oder einer Beurteilung zu stellen. Stellen wir uns in diesem Zusammenhang einen Bettler vor. Bettler betreiben diese Methode professionell, sie machen einen Beruf daraus, ihre Umgebung durch ihren Schmerz und ihr Leid zu manipulieren. Sie bringen andere dazu, Mitleid zu empfinden. Sie erhalten Almosen, aber sie werden nicht ernstgenommen. Die Umwelt empfindet maximal Mitleid. Oft wecken Bettler auch Widerwillen und Aggression.

Wenn Sie in Ihrer Schwäche schwelgen, dann unterbrechen Sie damit Ihren gesunden Entwicklungsprozeß. Sie machen aus Ihrer Schwäche ein Spiel, eine dramatische Übertreibung, die in Ihrer Kontrolle liegt. Es wäre aber viel sinnvoller, diese Schwäche ernst zu nehmen und sich damit auseinanderzusetzen. Es wäre heilsamer zuzugeben, daß diese Schwäche echt ist, und ihrer Ursache nachzugehen.«[1]

Antonia ist nicht »verrückt«. In ihrem Beruf setzt sie sich alltäglich durch mit ganz normalen, sachlichen Argumenten. Aber in ihrer Selbstwahrnehmung als Frau, die mit einem Mann zusammenlebt, glaubt sie sich nur mit einem Grenzgang verteidigen, nur als Ophelia bestehen zu können. Ihre Geschichte geht gut aus, vielleicht gerade, weil Markus an einem Beziehungsohr taub ist und so manche irrige Katastrophenwarnung daher gar nicht hört. Weniger glücklich ist die Geschichte von Lukas und Yvonne. Lukas ist 42 und Tontechniker. Von ihm können wir noch plastischer erfahren, wie Szenen aus männlicher Perspektive aussehen.

Ich bin seit zwei Jahren geschieden. Ich ärgere mich über diese Scheidung, weil ich jetzt beobachte, daß alle Fehler aus meiner Beziehung sich in neuen Beziehungen wiederholen. Ich war 14 Jahre lang mit Yvonne verheiratet. Sie war eine sehr anspruchsvolle, eine sehr interessante und dynamische Frau. Warum wir endgültig Schluß gemacht haben, kann ich mir heute nicht mehr erklären. Ich würde sagen, es war eine Trennung im Affekt. Die Art und Weise, wie wir mit unseren Gefühlen umgegangen sind, hat uns die Beziehung gekostet.

1 David Viscott, *Emotional Resilience*, Crown, N. Y. 1996, S. 60

In den Jahren unserer Ehe hat es wüste Auseinandersetzungen gegeben. Ich glaube sogar, daß diese Auseinandersetzungen ein Pfeiler der Beziehung waren. Immer wieder haben wir die Tragfähigkeit der Beziehung mit unseren Auseinandersetzungen getestet. Ich weniger als meine Frau. Das ist von ihr ausgegangen, da bin ich mir ganz sicher. Aber ich habe den Drang gehabt, in diesem Gefühlssturm meinen Mann zu stehen. Ich wollte nicht einfach in Deckung gehen und warten, bis die Kaffeetassen über mich drübergeflogen sind und der Sturm vorüber ist.

Wir haben uns beruflich kennengelernt. Yvonne arbeitet für einen Radiosender. Ich hatte den Auftrag, deren Tonanlage neu einzurichten, und sie war meine Kontaktperson. Am selben Abend sind wir noch miteinander ausgegangen, und dieselbe Nacht haben wir dann auch miteinander verbracht. Es war Leidenschaft auf den ersten Blick – nicht Liebe, das würde die Sache nicht richtig treffen. Das war auch unser Verhängnis. Bei uns sind die Emotionen immer wild rumgeschossen, und wir haben ihnen nachgegeben.

Ich bin vom Typ her – wie sie mich auch genannt hat – ein Latin Lover. Für mich ist es eine Herausforderung, eine Frau toll zu verführen und Romantik hineinzubringen. Sonst wird es langweilig. Zugleich war ich, als ich Yvonne kennenlernte, absolut bereit, mich auf etwas Ruhiges und Beständiges einzulassen. Ich hatte davor viele Freundinnen und Liebesabenteuer. Aber bei Yvonne habe ich gewußt: Das ist sie. Die will ich haben. Das ist mehr als ein Abenteuer.

Wir haben schon nach einem halben Jahr geheiratet. Anfangs ist es recht gut gelaufen. Wir hatten jeweils unseren Bereich, wie zwei Singles. Wir sind unseren Dingen nachgegangen, und abends sind wir heimgekommen und haben es im Grunde sehr schön miteinander gehabt. Die ersten Jahre waren spannungsreich, im positiven Sinn. Zwischen uns hat es, wie man sagt, geknistert. Aber dann ist es losgegangen. Wenn ich nicht ganz so aufmerksam war wie gewohnt und ihr in der bisherigen Häufigkeit Konplimente gemacht habe, wenn mir nicht jedes Detail ihrer Garderobe aufgefallen ist wie zu Beginn, dann ist Yvonne zunehmend unmutig geworden und hat einen Streit begonnen. Irgendwie war das eine normale Entwicklung. Zu Beginn der Beziehung hat sie sich immer schöne Sachen gekauft, für zu Hause, und darunter hatte sie super Wäsche an. Sie hat sich immer gern ein bißchen sexy angezogen, und das ließ irgendwie nach. Es hat sich eine Routine eingeschliffen, und das war o. k., aber worauf hätte ich sie noch ansprechen sollen? Hätte ich ihr Komplimente machen sollen zu ihrem alten Frotteebademantel?

Ich habe dann angefangen zu überlegen, ob sie recht hat, daß die Spannung nachgelassen hat und der Dampf raus ist. Durch ihr ständiges Bohren und ihre kleinen Dramen hat sie mich dazu gebracht, ebenfalls einen kritischen Blick auf die Beziehung zu werfen. Sie meinte, sie sei für mich nicht mehr so toll und so attraktiv, und ich habe mich gefragt, ob sie recht hat. Sie hat mich im Grunde fast zwanghaft auf diese Ideen gebracht.

Die Streitigkeiten haben sich immer so abgespielt, daß meine Frau damit angefangen hat. Ich will mich nicht gut darstellen, wenn ich das sage, sondern es war wirklich so. Ich glaube auch ganz fest, daß Männer generell nicht dazu tendieren, einen Streit zu beginnen. Dafür sind sie zu bequem. Was ein Mann in einer Beziehung möchte, ist in erster Linie, auf angenehme Weise versorgt zu werden. Man kann das analysieren und sagen, es ist die Suche nach der Mutter, nach Geborgenheit bei einer Frau. Wie dem auch sei, ich bin mir ganz sicher, daß Männer im allgemeinen kein Interesse daran haben, allzuviel Unruhe in eine Beziehung hineinzubringen. Diese Rolle kommt schon eher den Frauen zu. Als es dann zu diesen Exzessen kam, habe ich allerdings mitgemacht.

Daß sie bei Unstimmigkeiten nie lange gewartet hat, daß sie

immer schnell reagiert hat, das fand ich gut. Es gab keine versteckten oder aufgestauten Ressentiments, sondern es war gleich klar, wenn irgend etwas sie störte. Ich habe nur gefunden, daß sie meist einen unverhältnismäßigen Wirbel geschlagen hat. Ich gebe auch ehrlich zu, daß mir diese Auseinandersetzungen zu Beginn durchaus gefallen haben. Es brachte ein bißchen Pep in die Beziehung, und es war ja nie ganz ernst. Eher spielerisch, und man hat eine andere Seite an der Partnerin entdeckt, und auch an einem selbst, wenn man sich provozieren ließ. Es fühlte sich sehr lebendig an. Nur tritt mit der Zeit ein Abnützungseffekt ein. Ab einem gewissen Punkt habe ich schon an ihrem Blick gesehen, daß ein Unwetter bevorstand. Ich zog mich dann in das Arbeitszimmer zurück und sagte, daß ich Abrechnungen machen muß. Wenn ich dann ins Schlafzimmer kam, wartete sie auf mich und überfiel mich mit ihren Vorwürfen. Ich wußte dann keinen Ausweg mehr, als auf die Couch im Wohnzimmer zu übersiedeln, um mich von ihr abzusetzen. Ich fühlte mich irgendwie hoffnungslos. Ich konnte nicht mehr erkennen, worüber sie sich eigentlich beschwerte. Sie warf mir vor, zu viel von zu Hause weg zu sein und sie nicht mehr zu beachten. Ich mußte viel weg sein, das ist mein Job, aber sie hatte recht mit der Beobachtung, daß ich mehr unterwegs war als nötig. Es war daheim nicht mehr so lustig, und da war ich länger mit Kunden und Kollegen zusammen und ging mit denen noch essen. Es zog mich nicht mehr nach Hause, und das hat sie erkannt und hat darauf wütend und gekränkt reagiert.

Mein Fehler hier war, daß ich nicht damit gerechnet habe, daß ich mit meinem Verhalten ernsthaft die Beziehung gefährde. Die Scheidung hat sie eingereicht. Diese Möglichkeit, daß sie das tut, habe ich nach all den Ehejahren und in Anbetracht der Tatsache, daß wir uns immer noch mochten, nicht in Betracht gezogen. Ich dachte, dieses leichte Unzufriedensein und dieses Herumjaulen sind Teile einer jeden Beziehung, und ich müsse mich halt daran gewöhnen. Aber daß sie dann, von einem Tag zum anderen zum Anwalt geht und Ernst macht, hat mich schockiert. Noch mehr hat mich schockiert, daß sie Spuren gesammelt hat. Sie hat mir ein Verhältnis nachweisen können. Sie hatte Bankauszüge und Kreditkartenabbuchungen und Aufzeichnungen von Übernachtungen in Hotels, das alles hat sie aufgestöbert, kopiert und gesammelt. Sie brachte alles in die Scheidungsverhandlung ein, und das war ihr letzter großer Auftritt. Das war sehr peinlich, aber ich hab sie verstanden. Sie hat sich nicht für blöd verkaufen lassen. Am Schluß war sie wieder so wie am Anfang – beeindruckend.

Als ich sie kennenlernte, war sie eindrucksvoll. Sie traute sich was. In der Beziehung zu mir war sie dann sehr weiblich, ängstlich und unsicher. Ich weiß nicht, wie ich das beschreiben soll, sie war einfach anders als zuvor. Am Anfang schüchterte sie mich fast ein bißchen ein, mit ihrer Logik. Aber irgendwann setzte dann so ein Prozeß ein, wo sie anfing, nicht mehr ganz rational zu sein. Sie konzentrierte sich auf mich in einer Art und Weise, die nicht angenehm war. Ich würde jeder Frau raten, ihr eigener Lebensmittelpunkt zu bleiben.

Ich glaube, unsere Scheidung war nicht notwendig. Unsere Auseinandersetzungen waren nicht reell. Es gab keine wirklich guten Gespräche, nur Vorhaltungen und Versöhnungen. Und das hat uns nicht weitergebracht, bis wir schließlich vor dem Scheidungsrichter standen. Dort war sie gut, hat sozusagen journalistisch gut gearbeitet und Sachen aufgedeckt, aber der Weg zurück wurde dadurch fast unmöglich. Das liegt jetzt zwei Jahre zurück, und ich habe einige andere Beziehungen gehabt, aber es ist nicht dasselbe. Ich vermisse meine Frau sehr. Ich habe sie vor kurzem zufällig getroffen. Sie war mit zwei Freundinnen in einem Restaurant, und es sah lustig aus. Sie war ganz gelöst und fröhlich. Das vermisse ich.

Für meine nächste ernste Beziehung habe ich mir einiges vorgenommen. Das erste betrifft mich selber. Ich werde keine Verhältnisse nebenher mehr haben, weil man damit zuviel riskiert. Frauen bekommen so etwas unheimlich schnell mit, und dann ist man defensiv, und das Klima ist hin. Das zweite betrifft die Auseinandersetzungen. Die müssen als Gespräche geführt werden.

Im Beruf beschweren sich die Frauen, daß Männer sich zusammenschließen, daß sie sogenannte Netzwerke bilden und Frauen nicht hineinlassen. Vielleicht hat das einen guten Grund. Ich habe manchmal den Eindruck, daß Frauen Männer instinktiv nicht sehr mögen. Vielleicht spüren die Männer das und denken sich, daß sie untereinander besser aufgehoben sind. Sobald eine Frau auftaucht, brechen Sachen schnell auseinander. Es ist nicht mehr so klar und strukturiert wie vorher. Männer wissen, wie sie miteinander umgehen und was das bedeutet. Frauen bringen da eine irrationale Komponente in das Beziehungsgeflecht. Es reicht, wenn man das im Privatleben hat, man will sich nicht auch noch im Berufsleben damit auseinandersetzen.

O. k., es ist nicht Platon und nicht Sokrates, sondern nur der allzu menschliche verlassene Ehebrecher Lukas, der hier zu uns spricht. Aber trotzdem, nach allen gebotenen Abzügen für männliches Vorurteil, Selbstbeschönigung und Doppelmoral finden wir seine Beobachtungen interessant. Sie zeigen einen verhängnisvollen Verständigungsfehler zwischen Frauen und Männern auf. Eine Beziehung ist jung, es kommt zum ersten Streit. Die Frau agiert emotional und extrem. Vielleicht erschrecken beide über die Intensität der Auseinandersetzung, aber beiden gefällt es auch irgendwie. Fremden gegenüber würde man niemals so agieren, daher hat dieser Streit auch etwas sehr Intimes. Sich gehenlassen ist sexy, besonders im Kontext einer neuen sexuellen Beziehung. Eine Frau dermaßen in

Fahrt zu erleben, findet der Mann interessant. Es entsteht eine Lösung, vielleicht sogar eine einseitige Kapitulation seitens des Mannes, der in seinem Schock über dieses exzessive Ausrasten und in seiner Großzügigkeit gegenüber einer neuen Liebe nachgibt. Die Frau ist ermutigt, mit dieser Methode fortzufahren. Der Mann ist geneigt, das zuzulassen, weil es »Pep« in den Alltag bringt und mit schönen Versöhnungen endet. Außerdem verträgt es sich gut mit seinem männlichen Selbstbild. Einer dermaßen irrationalen Person nachzugeben, ist keine Schmach, sondern ein Zeichen von erhabenem Großmut. Beide können sich als Sieger fühlen.

Sehr bald aber nützt sich diese Situation ab. Die einstmals aufrührenden Auftritte der Frau verblassen zu einem monotonen Störgeräusch. Aus der Tatsache, daß sie ihn nicht mehr erschüttern kann, schließt die Frau, daß der Mann sie nicht mehr liebt. Aus der Tatsache, daß sie in früheren Szenen auch in der Lage war, viel Lärm um nichts zu produzieren, schließt der Mann, daß es ihr immer um nichts geht und ernsthafte Konsequenzen unwahrscheinlich sind.

Das ist um so bedauerlicher, als es bessere Alternativen gibt. Yvonne z. B. ist keineswegs darauf angewiesen, die geschirrwerfende Hysterikerin zu spielen. Sie ist durchaus in der Lage, systematisch, geduldig und planvoll vorzugehen. Ihre Scheidung hat sie still und leise, ohne Szenen, methodisch genau vorbereitet, mit Begründungen, Beweisen, Forderungen und Konsequenzen. Schade, daß sie nur das Ende ihrer Beziehung, nicht aber die Beziehung selbst, so intelligent angegangen ist.

Kapitel 12

Gefühle ins Reagenzglas:
Ein Kapitel über Liebe und Chemie

Wenn man verliebt und glücklich sein will, muß die Chemie stimmen. Das weiß jede Frau, aber darüber hinaus haben die meisten in der Chemiestunde geschlafen. Liebe, ja, aber wie lautet schnell noch mal die Formel? Wie braut sich das zusammen? Schmeckt es bitter oder süß? Explodiert es oder bleibt es stabil? Muß es einen sofortigen Knall geben, oder soll es lieber langsam den Siedepunkt erreichen? Ein Bericht aus dem Labor.

Im letzten Kapitel haben wir den Versuch unternommen, sinnvolle Szenen von sinnlosen Szenen zu unterscheiden. Eine weitere Alternative wäre, den Bereich der extremen Emotionen generell zu meiden und zu versuchen, sein Leben auf eine möglichst rationale Basis zu setzen. Nein! Unromantisch, werden die meisten Frauen finden. Von unseren sachlichen Hinweisen werden Sie sich da vermutlich nicht überzeugen lassen. Daher wollen wir Ihnen lieber Melanie vorstellen, Verfechterin des rationalen Vorgehens, auch und ganz besonders in Gefühlsfragen.

Intelligenz und Nachdenken, glaubt sie, und nicht Laune und Impuls, sollten das Privatleben regeln. Und das ist für sie nicht blasse Theorie, sondern ein Lebensprinzip. Als Vertreterin ihres Standpunktes kann sie sich sehen lassen. Heute 49 Jahre alt, lebt sie in einer immer noch glücklichen zwanzigjährigen Ehe. Sie hat zwei Kinder, ein lustiges Familienleben und einen guten Job.

Melanie ist eine attraktive Frau, die ihr Leben erfolgreich meistert. Ihre Methoden im Umgang mit Beziehungsfragen unterscheiden sich deutlich von denen der meisten Frauen. Hören wir zuerst ihre Argumente, um dann zu sehen, was wir von Melanie lernen können.

Bei mir zu Hause hat es viel Streit gegeben, unheimlich viel Streit. Ich kann mich an heftige Auseinandersetzungen erinnern. Meine Mutter hat geschrien: »Ich gehe!« Mein Vater hat erwidert: »Dann geh doch. Du kannst höchstens zu deinen Eltern zurückgehen!«

Das war entwürdigend, und ich habe mich sehr geschämt, weil ich miterlebt habe, daß meine Mutter in diesen Situationen sehr schwach war. Sie hat geschrien, sie hat getobt, und am nächsten Tag beim Frühstück tat sie beleidigt. Falls wir es nicht schon durch das laute Türenschlagen und das Schreien mitgekriegt hatten, wußten wir spätestens jetzt, daß es zwischen den Eltern wieder Steit gab. Mein Vater hat sich dann um eine Versöhnung bemüht, so nach dem Motto: »Sei doch nicht so, Mausilein.« Nur halb ernst. Heute sehe ich es so, daß er sie niedergemacht hat, er hat sie wie ein Kind behandelt und ihre Beschwerden nicht ernstgenommen.

Ich hatte zwei ältere Brüder. Es war angenehm, das dritte Kind zu sein, da ist man im Windschatten der größeren und kann sich entspannter entwickeln. Was die Schule anging, hat es bei mir z. B. immer geheißen: »Die Kleine macht das schon.« Während bei meinen Brüdern noch sehr auf die Noten geachtet wurde. Ich machte einen guten Abschluß und hab dann studiert, leider ein völlig nutzloses Fach, was mich heute noch ärgert. Ich wollte etwas ganz Feines machen, und ich wählte Kunstgeschichte. Jahrelang bin ich in irgendwelchen Vorlesungen gesessen und habe Lichtbilder betrachtet, die frühen Italiener und Höhlenmalerei, bis ich das Studium, das nicht sehr schwer war, abgeschlossen hatte. Dann wußte ich nicht, was ich tun sollte. Ungefähr zu dieser Zeit habe ich meinen Mann kennengelernt. Er war in derselben Branche tätig wie mein Vater, eigentlich war er die Konkurrenz, aber gleichzeitig eine gute Partie, meine Eltern waren hocherfreut.

Mir hat an ihm gefallen, daß er ein unglaublich ruhiger, überlegter Mensch ist. Solche Exzesse wie bei meinen Eltern konnte ich mir an seiner Seite gar nicht vorstellen. Ich glaube, daß ich in der Hinsicht sehr vorsichtig war, in meiner Partnerwahl. Ich wollte einen Partner haben, der ruhig ist, der den Überblick bewahrt, der mich schätzt, der sachlich ist. Unsere ersten Rendezvous waren eher ruhig, ohne irgendwelche rasanten Hochgefühle. Aber es gab angenehme Schwingungen, und er war sehr interessiert an mir. Er hat mir stundenlang zugehört, und ich habe ihm mein Leben erzählt. Das hat mir gut gefallen. Auch er hat über sich gesprochen. Wir haben uns übrigens im Museum kennengelernt. Es war ganz am Ende meines Studiums. Ich war im Kunsthistorischen Museum, Sonntag vormittag, und hab mir ein paar Bilder angeschaut für ein Referat. Ich machte Notizen, und er stand neben mir. Er hat einfach drauflosgeredet, daß er von Kunst eigentlich wenig weiß und nur hereinspaziert war, weil er sich dachte, da sollte man auch mal reingehen. Ich war selber über mich überrascht, als ich ihm eine kleine Führung anbot. Das war immerhin vor zwanzig Jahren, eine Zeit, in der Mädchen noch nicht so offensiv waren. Er fand das ganz attraktiv, daß ich das Heft in die Hand nahm. Meine Initiative hat ihm sehr gut gefallen.

Ich habe dann wie gesagt nicht so genau gewußt, wie es mit mir beruflich weitergeht. Ich saß da mit meinem leicht erworbenen Doktortitel, sehr belesen, sehr gebildet. Dann hatte ich die Idee, mich auf den Textilbetrieb zu konzentrieren, auf ausgefallene Stoffe aus aller Welt. Mein Vater, dem ich dieses Angebot unterbreitete, war nicht gerade begeistert. Er meinte, daß würde nur seine Kunden verschrecken. Also habe ich angefangen, andere Kontakte aufzubauen. Es war nicht leicht, aber ich habe mich durchgebissen. Ich baute mir ein Netzwerk auf, spezialisierte mich auf die Türkei und Italien. Mein Mann, damals noch mein Freund, hat das mitverfolgt, und nach einer gewissen Zeit hat er mich eingeladen, seinen Eltern davon zu erzählen. Ich bin in erster Linie nicht als Freundin, sondern als potentielle Mitarbeiterin ins Haus gekommen. Ich habe meine Vorstellungen präsentiert – ich hatte schon eine ganze Mappe, Fotos und erste Aufträge. Ich war relativ professionell, und das hat meinen zukünftigen Schwiegereltern gut gefallen. Sie haben mich tatsächlich angeheuert. Mein Vater war perplex. Mit meinen Schwiegereltern habe ich mich gut verstanden. Wir waren oft bei ihnen zum Mittagessen. Ich fand das alles sehr sympathisch, das Klima in dieser Familie. Mit Jakob bin ich immer öfter ausgegangen, und mit der Zeit kam diese Verliebtheit und dieses Kribbeln auf, und ich wußte, daraus könnte etwas Ernstes werden. Ich war dann 24, und er meinte, wir wären ein gutes Team und er könne sich vorstellen, daß wir heiraten. Er sah mich als Teil des Gesamtteams, und ich hatte mir dort ja wirklich schon einen Platz erarbeitet. Meine Ideen hatten Erfolg, die Stoffe verkauften sich, und ich habe es zu einer eigenständigen Linie gebracht.

Als wir geheiratet haben, war völlig klar, daß ich immer meine Sachen weitermachen werde. Ich wollte immer am Ball bleiben. Es war auch völlig klar, daß ich gut abgesichert sein wollte. Er hat Geschwister, und ich habe mich dafür interessiert, wie unsere Position in der Firma sein sollte, welche Anteile er bekommt. Zwischen uns war alles ausgesprochen.

Nur über die interne Arbeitsteilung hatten wir nicht geredet. Und ich bemerkte schnell, daß ich in die Hausfrauenrolle rutschte. Daß ich plötzlich wie meine Mutter war. Ich bin früh aufgestanden, um den Haushalt zu machen, und kam bereits völlig erschossen in die Firma, weil ich schon einen halben Arbeitstag hinter mir hatte. Ich habe die Sache überdacht und bemerkt, daß im Grunde keiner das von mir verlangt hat. Schuld war nur mein eigener Hang zum Perfektionismus. Ich hatte irgendwelche Phantasien davon, wie das Leben einer verheirateten Frau laufen sollte. Mein Mann hatte nie gesagt, daß er nach Dienstschluß ein dreigängiges Menü vorfinden wollte. Diesen potentiellen Streit habe ich ganz alleine, für mich, klären können. Und das ist ein wichtiges Prinzip geworden: Bevor ich einen Wirbel schlage, überdenke ich alles noch einmal. Nicht eine Nacht, sondern mindestens drei Nächte lasse ich verstreichen, bevor ich die Beschwerde einreiche. Bevor ich streite, versuche ich eine Kurskorrektur. In diesem Fall hieß das, ich reduzierte das Serviceangebot und wartete ab, welche Reaktion nun kam. Es gab keine Proteste, und das zeigte mir, daß die ganzen Vorstellungen von häuslicher Superidylle alleine auf meinem Mist gewachsen waren.

Ich glaube, daß diese erste Sache, in bezug auf Hausarbeit – wo ich rechtzeitig erkannt habe, daß es im Grunde nur eine komische Besessenheit von mir war – richtungsweisend gewesen ist. Die Wende kam nicht durch Klagen und Vorwürfe, sondern durch Selbsterkenntnis.

Ich glaube, daß es nichts Schlimmeres gibt für eine Beziehung, als mit Vorwürfen zu arbeiten. Vorwürfe sind ein Instrument, das ich für absolut untauglich halte. Sie bringen überhaupt nichts. Man muß das, was man nicht akzeptieren kann, in erster Linie analysieren. Wieso mache ich das? Wenn es Widerstand gibt, muß man der Sache nachgehen. Wenn keine Lösung möglich ist, dann hat man wahrscheinlich den falschen Partner. Ich beobachte, daß sehr viele Frauen viel zu lange mit dem falschen Partner zusammenhängen. Eigentlich müßten die Scheidungsziffern nicht niedriger, sondern viel höher sein. Wenn zwei Menschen aufeinandertreffen und sich in der ersten aufflackernden Leidenschaft und Erotik zusammentun und meinen, daß das ein Leben lang halten soll, hat das keine Basis. Ich beobachte in unserem

Umfeld, daß viele Ehen sehr unglücklich sind. Auf dem Boden der Vernunft fährt man viel länger als auf dem holprigen Boden der Emotionen und Leidenschaft. Ich glaube, daß viele Frauen Gefühle zu wichtig nehmen. Im tiefsten Herzen glauben Frauen immer noch, daß sie nur soviel wert sind, wie sie in ihrer Beziehung wert sind, wie sie einem Mann wert sind. Das ist ein ganz verrückter Standpunkt. Ich will gar nicht von finanzieller Unabhängigkeit reden, ich meine die innere, psychische Abhängigkeit. Zusammenleben, eine Familie haben, da gibt es viele schwierige Momente. Wenn man da gut vorankommen will, muß man seinen Verstand beisammen haben. Ich war jedesmal nachträglich froh, wenn ich mich in einer Affektsituation zurückgehalten und erst mal überlegt habe. Erst dann habe ich die Diskussion begonnen. Wenn man nicht standfest ist, den eigenen Standpunkt noch gar nicht kennt, dann ist man auf wackligem Boden. Man darf sich auch nicht zuviel von anderen Menschen erwarten, sondern die Haupterwartung muß man an sich selber stellen. Das ist mein wichtigstes Prinzip. Ich erwarte grundsätzlich alles von mir, und dann sehe ich, was die anderen noch zu meinem Glück beitragen könnten.

Interessant sind in dieser Erzählung die Punkte, in denen Melanie vom üblichen Frauenkonsens abweicht. Fangen wir mit dem augenscheinlichsten an, mit ihren ersten Reaktionen auf den Partner. Viele Frauen erwarten ein sofortiges niederschmetterndes Gewitter der Gefühle, eine leidenschaftliche Reaktion, eine atemberaubende erotische Anziehung. Entweder er bringt in der Sekunde ihr Herz zum Flattern, oder er landet im Mülleimer der Geschichte. So nett, sympathisch, attraktiv und rundum ideal er sonst sein mag, folgern sie achselzuckend, weg mit ihm. Weil »die Chemie nicht stimmt«. Wie oft haben wir von Freundinnen und Interviewpartnerinnen diesen Satz gehört? Ich hab jemanden kennengelernt. Er ist toll. Er ist so angenehm und so verständnisvoll. Wir passen so gut zusammen. Wir haben dieselben Interessen. Aber ich werde ihn nicht mehr sehen, weil die Chemie nicht stimmt. Und die Chemie muß nicht nur stimmen, sie muß von der Stunde Null an spürbar sein.

Das ist übrigens eine sehr unchemische Sichtweise. Im Labor explodiert es auch nicht ständig und sofort aus allen Reagenzgläsern. Sondern die chemischen Reaktionen treten dann ein, wenn alle erforderlichen Substanzen beisammen sind.

Frauen lehnen angenehme Menschen ab, die wunderbar zu ihnen passen, weil sie das Kribbeln vermissen. Von Melanie können wir lernen, daß das Kribbeln durchaus auch später kommt. Sie wußte zu Beginn Folgendes über diesen Mann, den sie gerade kennengelernt hatte: mit ihm zusammen zu sein, war angenehm. Er war bereit, sich für neue Dinge zu interessieren, die seiner Partnerin Freude machten (in unserem Beispiel: für Kunst). Frauen mit Initiative gefielen ihm. Er würde sie beruflich unterstützen. Sie fühlte sich wohl in seiner Familie und wurde dort gut aufgenommen.

Der ganzen Chemiephantasie zum Trotz, verhält es sich dennoch so, daß zu Beginn einer Beziehung der Kopf noch das Vetorecht besitzt. Auch die stärkste erotische Anziehung führt zu einer emotionalen Beziehung, wenn man ihr dafür die nötige Zeit gibt. Es ist immer möglich zu beschließen, daß man dieser erotischen Anziehung leider nicht stattgeben wird, weil andere Dinge nicht stimmen. Es ist möglich, und es ist nicht einmal schwer. Erst später, wenn man auch noch verliebt ist und das Selbstwertgefühl auf dem Spiel steht und man Zeit und Hoffnungen investiert hat, wird eine Loslösung schwierig. Melanies Reihenfolge der Dinge ist daher viel besser: zuerst sehen, ob das Drumherum stimmt, dann prüfen, ob Erotik da ist, und am Schluß erst die Gefühle wachsen lassen.

Trotzdem: haben Sie Melanie vielleicht zu zerebral gefunden? Sich gedacht: Schön und gut, aber zu dieser Haltung muß man geboren sein. Ich bin ein Gefühlsmensch und kann nicht (und will nicht) mit dieser kühlen Sachlichkeit mein Privatleben managen. Gut, dann hätten wir noch Sarah, ein Gefühlsbündel. Die nahm den Umweg zur Sachlichkeit und fühlt sich dort pudelwohl.

Bevor das Interview noch begonnen hat, streckt Sarah uns ein Foto entgegen. Darauf sieht man ein blondes Mädchen, sehr sorgfältig geschminkt, in einem Supermini und auf Plateauschuhen. Zu breit, fast beschwörend, lächelt sie in die Kamera und hat fast keine Ähnlichkeit mit der sportiv wirkenden Frau, die jetzt vor uns sitzt. Die Sarah von heute hat eine Kurzhaarfrisur, trägt Jeans und einen Blazer und macht einen gelösten, selbstsicheren Eindruck. Zwischen den Bildern liegen nur drei Jahre; drei Jahre und ein Schlüsselerlebnis.

Dieses Erlebnis hat Sarah dazu bewegt, ihr Lebenskonzept umzukrempeln. Vor der Wende verfolgte sie den Plan, sich ihr Glück schenken zu lassen vom »richtigen« Mann. Nach der Wende beschloß sie, ihrem Glück selber aktiv nachzugehen. Sehen wir uns an, wie es dazu kam.

Mein Elternhaus war liberal, aber in vieler Hinsicht auch traditionell. Meine Mutter war ein sehr femininer Typ. Sie war sehr bedacht auf ihr Äußeres und auch auf mein Äußeres. Das Kleingedruckte in meiner Erziehung war immer die gute Partie, die ich machen sollte – so wie sie es getan hatte. Ich hab das als altmodisch und betulich abgeschüttelt, aber trotzdem diesen Weg eingeschlagen. Ich hab unheimlich gut und leicht gelernt, aber das war in den Augen meiner Familie nicht bemerkenswert. Mein Vater war kaum da, er ist ein sehr beschäftigter Arzt. Er leitet ein Krankenhaus und eine Klinik. Wenn er da war, hat er halt gesagt: Hallo ihr zwei Schönen! Wart ihr in der Stadt? Habt ihr was gekauft? Er war immer sehr locker und lustig, auch liebevoll, aber ich hatte das Gefühl, daß er meine Mutter und mich als Paket betrachtet, wie zwei Schwestern. Und zweitens hat er weder sie noch mich ernstgenommen. Rückblickend ist es ziemlich unglaublich, daß ich mit all meinen Auszeichnungen und tollen Notendurchschnitten bei einer Fluglinie gelandet bin. Auch nur deshalb, weil Fremdsprachen mir zugeflogen sind. Englisch und Französisch konnte ich schon, und im Sommer habe ich mir im Selbstverfahren Spanisch beigebracht. Kein Mensch ist auf die Idee gekommen, mit mir über die Zukunft zu reden, über Möglichkeiten, die ich hätte.

Also habe ich mir die Fluglinie ausgesucht. Ich dachte mir, da bin ich unterwegs, erlebe eine Menge und treffe interessante Männer. Was man halt so als 18jährige dahinspinnt. Es ist mir rätselhaft, daß gerade mein ehrgeiziger Vater, der ja wirklich eine Kapazität ist in seinem Bereich, da keine bessere Idee für mich hatte. Aber er nickte nur wohlwollend zu diesem Plan. Also ging ich zur Fluglinie. Ich war genau das, was Sie als Barbie bezeichnen würden. Immer sorgfältig hergerichtet, mit langen Nägeln, der äußere Schein war meine Stärke und mein Kapital. Daß man auch noch Gehirnzellen hat, schien mir nicht sehr interessant. Ich bin dann zwei Jahre lang durch die Welt geflogen. Habe Männer kennengelernt wie erwartet. Man bekommt unheimliche Anträge. Im Grunde müßte man keine Nacht allein verbringen. Ich habe mich immer zurückhaltend benommen, mir hat auch selten einer gefallen. Die meisten waren ältere Herren, zwischen 40 und 50 und mehr. Das hat mir nicht so zugesagt. Ich habe das Streckennetz abgeflogen, und dann habe ich eine Affäre mit einem unserer Piloten begonnen. Komplett stereotyp. Für mich war es die große Leidenschaft. Er war natürlich verheiratet und hatte Kinder, er war ständig dabei, sich »diese Woche noch« zu trennen. Er würde das Scheidungsgespräch führen, und dann wären wir auf immer und ewig glücklich zusammen. Weil ich ihm ja soviel bedeutete und nur ich ihn verstehen konnte. Ich hab das sogar geglaubt, weil ich es glauben wollte. Innerlich habe ich genau gewußt, daß in derselben Minute Tausende von Frauen weltweit genau dieselben Versprechungen hören. Trotzdem habe ich zugelassen, daß er mich immer wieder überzeugt und herumkriegt. Dazwischen haben wir uns in einen Charterflug nach Kenia gesetzt und dort eingebunkert, eine heiße, erotische Woche verbracht. Mehr war es in Wirklichkeit nicht zwischen uns. Das wollte ich aber nicht wahrhaben, sondern ich hab gedacht, daß es die große Liebe ist und er wolle mich als ganze Person, und ich sei wirklich sein Lebensmensch.

Dann kam meine Erleuchtung. Wir sind auf die Malediven geflogen und sollten dort einen Stopover von fünf Tagen haben. Geplant war, daß wir dort eine schöne Zeit haben. Er hatte einen tollen Bungalow gebucht. Und dann saß seine Frau im Flugzeug. Er hat nichts davon gewußt. Als ich ins Cockpit kam, war er total panisch und sagte, daß er gerade von einem der Stewards, mit dem er befreundet war und der sie gesehen hatte, erfahren hat, daß seine Frau an Bord ist. Er war ziemlich kühl zu mir und sagte, daß ich mich da jetzt raushalten und zurückziehen soll. Mir fiel ein, daß ich nicht einmal ein Zimmer reserviert hatte. Er meinte, er kümmere sich darum. Ich fühlte mich delogiert, und das war ein Wendepunkt. Es war absolut symbolisch. Er hat mich ausquartiert und sich und seine Frau in unser Liebesnest einquartiert. Das war unglaublich, und ich fühlte mich wie Dreck. Rausgetreten und rausgeschmissen, Abfall.

Ich habe mir dann seine Frau zeigen lassen, von dem Steward, der ja genau wußte, was los war. Ich war völlig perplex. Sie war eine hübsche Person. Sie hatte einen Roman dabei von einer Autorin, die ich mag, und ist ganz ruhig dagesessen und hat gelesen, und war überhaupt nicht die Hysterikerin, als die er sie mir geschildert hat. Sie hat mir gut gefallen. Sie war angenehm, sie war gut gekleidet. Ich habe ihr das Essen serviert und sie gefragt, ob sie noch etwas möchte. Sie hat sich sehr bedankt und gesagt, daß sie mit allem zufrieden sei. Sie war der perfekte Fluggast. In mir ist die Wut hochgestiegen. Nach der Ankunft saß die Crew beisammen zum Abendessen, und sie hat sich dazugesetzt. Eigentlich kannten alle sie, außer mir, weil sie oft zu Hause eingeladen waren. Nur ich war ausgelagert gewesen, weil ich ja das tolle Verhältnis mit dem Kerl hatte. Ich saß da, auf Nadeln und fix und fertig, und erfuhr, warum sie da war. Es war ihr 20. Hochzeitstag, und ihre Überraschung für ihren Mann war, daß sie dieses Jubiläum gemeinsam auf der Insel verbringen. Sie hatte Geschenke und alles mitgebracht. Er – es war nicht zu glauben – tat hocherfreut und war fürsorglich und reizend zu ihr. Er war charmant, er war nett, er war hinreißend. An ihrer Stelle hätte ich nicht den leisesten Verdacht gehabt, daß irgend etwas nicht stimmt. Mir ist er im Korridor begegnet und hat mir zugezischt: »Mach ja keinen Terror! Ich rate dir, halte dich zurück!«

Ich habe meine Lektion gelernt. Das war im Grunde ein unglaublicher Erkenntnisprozeß. Ohne dieses Erlebnis hätte ich mit ihm weitergetan, in der Hoffnung, irgendwann seine Ehefrau zu werden. Und wenn ich ungeduldig geworden wäre und mit ihm Schluß gemacht hätte, dann hätte ich wahrscheinlich trotzdem diesen Weg fortgesetzt. Ich hätte auf den nächsten tollen Mann gewartet, mit dem mein Leben dann endlich anfängt, aufregend und schön zu werden.

Aber dieses Erlebnis war ein solcher Schock, daß ich begriffen habe, auf der falschen Spur zu sein. Ich habe mich hingesetzt und Bilanz gezogen. Ich habe mir aufgeschrieben, ganz klar, was auf der Habenseite steht. Da stand ein ausgezeichnetes Matura-zeugnis, da standen drei Fremdsprachen. Auf der Habenseite stand meine Jugend. Weiteres konnte ich aufführen: meine Wut. Ich habe tatsächlich Wut hingeschrieben und das Wort eingekreist. Die Wut hat mich wirklich beflügelt. Vor dem Erlebnis hätte ich noch mein gutes Aussehen angeführt, aber das ließ ich auf der neuen Liste weg. Wir flogen nach Frankfurt zurück, und ich ging sofort an die Universität und holte mir ein Vorlesungs-verzeichnis. Ich habe es durchgeblättert, Sprachen boten sich an, aber ich entschied mich dagegen. Damit würde ich irgendwo als Übersetzerin herumhocken. Dann ist mir mein Vater eingefallen. Er ist glücklich, seine Arbeit macht ihm riesigen Spaß. Durch ihn hatte ich mitgekriegt, wie ein medizinischer Beruf wirklich aus-sieht, und ich traute mir das zu. Ich hätte dann heimgehen kön-nen und sagen: Lieber Papi, schreib mir einen dicken Scheck, ich will Medizin studieren. Aber das wollte ich nicht, ich wollte es aus eigenem Antrieb schaffen. Ich beschloß, weiter zu fliegen. Allerdings nahm ich das Angebot an, ins Gartenhaus meiner El-tern zu ziehen. So erspare ich mir die Miete, und muß nur noch Teilzeit fliegen. Das bedeutet, daß ich in manchen Monaten nur zwei Flüge habe, und davon ein gutes Gehalt, mit dem ich ganz gemütlich durchkomme. Ich studiere flott dahin. Ich bin jetzt schon knapp vor der Pathologie, das ist die letzte wirklich große Hürde. Und es macht mir Spaß. Ich sehe, daß ich aus meinem Leben etwas machen kann. Ich habe mich total auf das Lernen konzentriert, und das Witzige ist, daß ich seither viel nettere Männer treffe. Männer, mit denen ich etwas anfangen kann. Ich bin nicht auf der Suche nach irgendwelchen Langfristpartnern, weil ich jetzt erst mal das Studium abschließen will.

Woran ich arbeiten muß: Ich spüre einen gewissen Zorn auf

meine Mutter. Ich mache ihr Vorwürfe, daß sie mich so komisch, ich würde sagen so ärmlich, erzogen hat. Diese ewigen Einkaufsbummel und Schminksessions, im Grunde war sie gar keine Mutter, sondern eine große Spielkameradin. Sie ist zwar sehr jung schwanger geworden, sie war erst neunzehn, aber sie hatte soviel Geld und Hilfe im Haushalt, sie hätte wirklich etwas Besseres aus sich machen können. Sie ist heute erst in den Vierzigern und hat noch immer keinen Plan. Wenn ich sie sehe, sagt sie nur, daß ich auf meine Figur aufpassen soll. Weil ich Größe 38 bin, für sie aber ist Lebensqualität die Kleidergröße Nummer 36.

Sarah ist zu Recht stolz auf die Veränderung, die sie in ihr Leben gebracht hat. Zu ihrem Elterhaus hat sie noch keine Distanz gefunden, und sie urteilt noch ein bißchen hart, aber das wird sich legen, wenn sie erst ein paar Schritte weiter auf dem eigenen Weg gegangen ist. Ein bißchen Euphorie wollen wir ihr gönnen, schließlich sitzt sie jetzt selber im Cockpit und bestimmt ihre eigene Flughöhe, und das ist ein berauschendes Gefühl.

Reiß-dich-Zusammenfassung –
Ein Schlußwort

Amerika hat neben vielen tollen Dingen auch eine ganze Reihe ganz besonderer Geschmacklosigkeiten und Unsitten hervorgebracht, und zu den gruseligsten zählt in unseren Augen die Institution der Cheerleaders. Cheerleaders sind Mädchen, die eine komische, zugleich biedere wie kinderpornomäßig aufreizende Uniform tragen, zusammengebundene bunte Plastikbänder (genannt Pom-Poms) schwingen, primitive Kampfreime schreien, dazu zirkusähnliche akrobatische Nummern darbieten, die vorrangig so choreographiert sind, daß alles an ihnen hüpft, wackelt und springt, und all das im Rahmen von Sportveranstaltungen.

Cheerleaders gibt es auch bei professionellen Teams, zum Beispiel beim American Football, aber ihr eigentlicher Ursprung sind die Highschools. Cheerleaders sind Mädchen, die vor und nach einem sportlichen Auftritt ihres Schulteams und in der Halbzeit das Publikum zu lautstark gebrüllten Artikulierungen von Teamgeist anfeuern. Sie sind zu diesem Zweck knapp gekleidet, aber auf seltsame Art, die eine brave Erotik der 1950er Jahre wiedergibt. Dazu gehört meist ein kurzes Faltenröckchen in der Manier eines Tennisdreß, darunter ein elaboriertes Höschen, denn die Sprungbewegungen und akrobatischen Nummern werden oft zur Sicht freigegeben, weshalb dieses Kleidungsstück nicht als Unterwäsche, sondern als Teil des Kostüms zu betrachten ist. Oben tragen sie nicht selten einen dicken Pullover mit den Insignien ihres Teams. Dieser Pullover ist dem Mädchen oft viel zu groß, denn besonders prestigereich ist es für sie, wenn der Spieler, mit dem sie ausgeht, ihr seinen Pullover schenkt. Die Rolle des Cheerleaders ist begehrt und stellt in der Schulgemeinschaft so etwas wie ein »öffentliches Amt« dar, daher werden die Mädchen, denen diese Ehre zuteil wird, aus der gutbürgerlichen Elite ihrer Schulen ausgewählt. Entsprechend ist ihr Aussehen: blond, züchtig, gesund, das quintessentielle »girl next door«. Sie sollen sexy sein, aber auf zurückhaltende Art, nämlich in der Art einer potentiellen Ehefrau, nicht eines Partygirls.

Cheerleaders sind deshalb interessant, weil sie so genau die Entwicklung »der Frau an sich« während der letzten 50 Jahre widerspiegeln. Als Institution stammen sie aus einer anderen Zeit, aus einer Zeit, als Männer in die Welt hinausgingen und dort wirkten und werkten und Leistungen erbrachten und Frauen sie dafür bewunderten und im Hintergrund assistierten.

Heutzutage haben Mädchen, in den USA noch viel mehr als bei uns, eigene Teams und eigene sportliche Veranstaltungen. Selbst in den konservativsten Familien ist es selbstverständlich, daß eine Tochter nach der Schule mit großem Engagement am Nachmittag, am Wochenende und in den Ferien einen Teamsport betreibt, meist Fußball (soccer), Softball oder Basketball. Ihre Rolle schränkt sich schon lange nicht mehr darauf ein, die Leistungen ihrer männlichen Mitschüler anzufeuern. Die Rollenteilung, die sich jedoch im »Cheerleadertum« spiegelt, ist wie die Kostümierung Teil der 50-Jahre-Idylle: Der Mann ging arbeiten, die Frau blieb zu Hause in ihrem hübschen Vororthäuschen, winkte ihm nach, empfing ihn abends mit einem Cocktail, versorgte den Haushalt und die Kinder und baute den Mann auf, damit er in der großen weiten Welt möglichst ertragreiche Glanzleistungen erbrachte. So ist es eigentlich nicht mehr – aber ein bißchen schon noch. Mädchen haben zwar ihre eigenen sportlichen Teams, aber Cheerleaders gibt es trotzdem noch. (Und ja, es gibt mittlerweile auch Burschen, die Cheerleader werden. Das Recht dazu mußten sie sich zunächst einklagen. Heute steht dieses Amt jedem Schüler offen, eine verschwindend kleine Zahl der Jungen interessiert sich dafür – schätzungsweise werden es so viele sein, wie sich in anderem Zusammenhang für den Vaterschaftsurlaub melden, nämlich deutlich unter einem halben Prozent.)

Warum gibt es heute noch Cheerleaders? Das ist eine interessante und aufschlußreiche Frage, die uns über viel mehr Auskunft gibt als nur über eine exotische Randerscheinung des amerikanischen Schulwesens. Warum zieht es ein Mädchen, obwohl es längst schon selber zu einem Team gehören und spielen und konkurrieren und siegen könnte, heute noch vor, lieber Cheerleader zu werden?

Cheerleaders gelten als attraktive Partie. Sie genießen den guten Ruf, hübsch und begehrenswert, trotzdem aber brave Mädchen zu sein, die Art von Mädchen, die man heimbringen und den Eltern vorstellen kann. Der Glanz des Teams und der angehimmelten lokalen Sporthelden erstrahlt auch auf sie, sie haben daran teil und gelten daher ebenfalls als Mitglieder der glamourösen Insider-Clique. Die Auslese ist hart, die Ansprüche sind hoch. Vor 50 Jahren mußten Cheerleaders nur ein bißchen herumhopsen und kokette Posen einnehmen, das ist heute nicht mehr der Fall. In ihrer eigenen Art und Weise erbringen Cheerleaders heutzutage beachtliche Leistungen – die akrobatischen Nummern sind mittlerweile so ehrgeizig und anspruchsvoll, daß es unter den Cheerleaders mehr und ernstere Sportverletzungen gibt als unter den eigentlichen Sportlern.

Diese Mädchen sind also keineswegs zu unterschätzen. Sie sind hübsch, extrovertiert, selbstsicher und bringen gute körperliche Leistungen. Warum stellen sie diese in den untergeordneten Dienst des Anfeuerns, statt selber auf dem Sportfeld aktiv zu werden? Weil sie sich so bessere Chancen ausrechnen. Diese Chancen aber haben nichts mit Fakten, sondern nur sehr viel mit Optik zu tun. Mädchen, die dagegen in ihren Teams gut spielten, können auf ein Collegestipendium hoffen, ganz genauso wie die Burschen. Die Zeiten, in denen ein athletisches Mädchen als unweiblich galt, sind längst vorbei – dazu ist Mädchensport schon viel zu sehr in den amerikanischen Alltag eingegangen. Falls das ein Kriterium ist: Mädchen, die Schulsport betreiben, haben bei Burschen einen guten Stand, weil es gemeinsamen Gesprächsstoff gibt, weil Burschen Sportlichkeit als Eigenschaft bewundern, und weil die Burschen auf dieser Ebene sowieso keine Konkurrenz fürchten müssen, sondern ihnen gerne und jovial Tips geben.

Objektiv hat ein Mädchen in jeder Hinsicht mehr davon, selber mitzuspielen. Doch der Schein ist ein anderer. Dem Mädchensport wird weniger Beachtung geschenkt. Das Publikum ist oft kleiner. Mädchen identifizieren sich nicht so umfassend mit ihrem Sportengagement, und die Starqualität der lokalen männlichen Sporthelden bleibt daher aus. Es ist scheinbar glamouröser, sich an das umstrahlte Bubenteam anzuhängen, als dem Mädchenteam anzugehören.

Nach dieser Devise planen Abertausende von Frauen nicht nur ihre Hobbys und ihre Freizeit, sondern ihr Leben. Sie rechnen sich bessere Chancen aus, sich an einen Mann anzuhängen, als ihren eigenen Weg zu gehen. Das ist doppelt tragisch, weil das schon längst nicht mehr die Alternativen sind. Einige der Fallstudien in diesem Buch machten es ganz deutlich: Frauen traten zurück, obwohl es dafür keine Notwendigkeit gab, keiner es von ihnen verlangte und sie nichts davon hatten. Abermals können wir feststellen, daß es sich dabei um einen sehr typischen menschlichen Fallstrick handelt. Als Menschen neigen wir dazu, uns an Sieger oder scheinbare Sieger anzuhängen.

In seiner Eigenschaft als Politiker hat der österreichische Wissenschaftsminister von Einem oft die Möglichkeit gehabt, über diese Eigenschaft der Menschen nachzudenken. Seine Beobachtungen sind aufschlußreich[1]:

»Es gibt immer zwei Grundbedürfnisse. Das eine ist, immer bei den Gewinnern dabeizusein, und das andere ist, klare Positionen zu haben. Und vielfach neigen Leute dazu, sich für das eine oder andere dieser Bedürfnisse zu entscheiden. Sie glauben nicht, daß man das integrieren kann. In Wirklichkeit, davon bin ich überzeugt, lohnt es sich immer, für eine Sache zu kämpfen und dabei klar zu bleiben. Aber das wird einem nicht geschenkt. Hingegen kann man oft bei den Gewinnern dabeisein, auch ohne viel dazu zu tun. Wenn man zum

---

[1] Aus einem persönlichen Gespräch mit den Autorinnen.

Beispiel einen Chef hat, der aus dem Fernseher spricht, und die Leute ihn aus irgendeinem Grund toll finden, dann ist man schon dabei bei den Gewinnern und muß selber nichts tun dafür. Selbst etwas tun zu müssen, das ist die weitaus härtere Herausforderung. Immer wieder erlebte ich, daß Leute kein Vertrauen zu einem Politiker haben und ihn aber trotzdem wählen. Weil sie sich erhoffen, daß er für sie gewinnt. Das ist dann sozusagen derjenige, der die Tore schließt. Fußball spielen wir ja auch nicht mehr selber. Wir lassen spielen und sagen: Heute haben wir gewonnen. Und wenn das Jugoslawen sind oder sonst Spieler, die von irgendwo herkommen – wenn sie für unsere Mannschaft ein Tor schießen, dann haben ›wir‹ gewonnen. Wenn sie auf der Straße gehen, sind sie Ausländer.«

Ganz genauso verhält es sich mit Frauen. Sie suchen sich einen Mann, der für sie handeln soll: Beförderungen bekommen, Geld verdienen, Tore schießen. Der Grundgedanke ist, daß er es besser kann, vor allem aber, daß er den Heimvorteil hat, weil es immer noch eine Männergesellschaft ist, in der Männer mehr Chancen haben.

Gerne profitieren Frauen, alle Frauen, mit von den Verbesserungen und Reformen, die eine Frauenbewegung für sie erkämpft hat. Wenn es aber darauf ankommt, setzen sie nicht unbedingt auf diese Team, sondern sicherheitshalber lieber auf den Listenführer der letzten Saison, auf das Patriarchat.

»Viele fürchten sich davor, die Oberfläche zu verlassen«, weiß Minister von Einem. »Es gibt nur ganz wenige, die sagen: ›Ich mache mir meine Verhältnisse wieder neu und selber.‹ Politik kann ein Veränderungsprozeß sein, aber das erfordert widerspenstige Positionen, und die erzeugen eben den Gegenwind, den man dann aushalten muß. Wenn man für klare Positionen steht, kann man auch Zustimmung bekommen, vor allem wenn man sich über längere Strecken hält. Aber das erfordert Menschen, die mutig sind und sich auch etwas zutrauen – und unser Erziehungsprozeß ist nicht unbedingt so angelegt, das zu erzeugen.«

Nicht nur Politik, sondern eigentlich fast jede zwischenmenschliche Lebenssituation erfordert die Kraft, die er hier beschreibt. Jeder Tag birgt Momente, in denen man sich behaupten, sich bemerkbar machen, sich für andere einsetzen kann – oder nicht. Wenn man den »Gegenwind« aushält, zeigt sich oft, daß man eigentlich für viele gesprochen hat oder jemanden überzeugen konnte.

Die klare »Linie« zu halten, das ist für Menschen schwer und für Frauen ganz besonders. Männer werden oft an ihre Linie gefesselt, ob sie es wollen oder nicht; Frauen läßt man abschweifen und tut ihnen damit keinen Gefallen. Der durchschnittliche Mann muß seine Ausbildung abschließen und danach seinen Beruf ausüben. Wenn es Probleme gibt, muß er durch. Die Frau kann heiraten und eine schöpferische Pause einlegen. Sie kann in Karenz gehen, und nach der vorgesehenen Zeit noch ein bißchen länger zu Hause bleiben, und anschließend mit ehrenhaften Begründungen noch ein Jährchen dazugeben, bis der Wiedereinstieg so schwierig ist, daß keiner das von ihr erwarten kann.

Einem deutschen Offizier verdanken wir eine illuminierende Einsicht, die zwar auf Militärverwaltung gemünzt ist, aber sehr viel mit Frauen zu tun hat. Der Autor dieser illuminierenden Einsicht ist ein gewisser General von Manstein, der sich den Kopf über den deutschen Offizier zerbrach und dabei folgendes bemerkte: Es gibt vier Arten von Offizieren. Zuerst gibt es jene, die faul und dumm sind. Sie läßt man am besten in Ruhe, denn sie stören nicht. Zweitens gibt es jene, die intelligent sind und fleißig. Diese sind gut geeignet zum Stabsoffizier, denn sie achten auf Details und sind zuverlässig. Drittens gibt es diejenigen, die fleißig, aber dumm sind. Dieser Typus ist gefährlich, erzeugt unnötige Arbeit und sollte baldmöglichst entlassen werden. Und schließlich gibt es diejenigen, die intelligent, aber faul sind. Sie eignen sich für den höchsten Rang.

Diese Einsicht finden wir echt revolutionär. Lieber wollen wir alle glauben, daß Fleiß und Intelligenz belohnt werden; ein prüfender Blick in die Realität aber läßt uns schnell vermuten, daß Manstein recht hat. Wer wirklich intelligent ist, halst sich nicht mehr und mehr Arbeit auf, die er oder sie immer und immer besser machen will, sondern gibt Arbeit ab und spart sich die Energien auf. Intelligente Frauen manövrieren sich oft gerade durch ihren Fleiß ins Out. Sie übernehmen Verantwortung bis zum Zusammenbrechen, während andere ihre Kräfte dazu einsetzen, die Lorbeeren für das Ergebnis zu ernten.

Diese Gedanken mögen sie in Ihr Berufs- und Privatleben begleiten, doch fassen wir zum Abschluß noch einmal kurz unsere Einsichten über die Gefühle zusammen.

Gute Gefühle werden von Frauen oft unter ihrem Wert gehandelt. Wie ein Jugendlicher, der vor lauter Acid Rock taub geworden ist für normale Tonleitern, sind Frauen zu oft auf die Extreme des Gefühlsspektrums eingestellt und finden Dinge um so authentischer, je mehr sie weh tun, schwierig sind, Turbulenz verursachen. Gute Gefühle sind dazu da, genossen zu werden. Viele Frauen fühlen sich statt dessen aufgerufen, einem guten Gefühl nicht nur – wie dem geschenkten Gaul – ins Maul zu schauen, sondern ihm am besten gleich alle Zähne auszuschlagen. Sie arbeiten so lang an dem guten Gefühl herum, bis es sich in ein schlechtes Gefühl umgewandelt hat.

Merke: Das Leben hat auch Platz für oberflächliche Freuden. Eine oberflächliche Freude ist mitunter mehr wert als ein profundes Leid.

Nehmen wir ein ganz banales Beispiel, das Kompliment. Wie viele Frauen kennen Sie, die sich entspannt über ein Kompliment freuen können? Die meisten Frauen nehmen ein Kompliment zum Anlaß für heftige Selbstkritik und für eine Gelegenheit, die Aufmerksamkeit ihres Gegenüber auf Makel zu lenken, die ihm sonst gar nicht aufgefallen wären. Wie ist das mit der neuen Frisur? Die Beglückwünschte verrenkt sich, um herzuzeigen, daß ihr die Friseurin regelrecht ein Loch hineingeschnitten habe, fürchterlich! Und in ein paar Stunden, wenn die Luftfeuchtigkeit erst das Ihre dazugetan habe, werde das ganze Machwerk sowieso in sich zusammenfallen und sie werde wieder aussehen wie ein gerupftes Huhn! Und das Kleid? Das Kleid mag schön sein, vielen Dank, aber es ist zu kurz und betont daher nur, schauen Sie doch mal, die häßlichen, unförmigen, abstoßenden Knie.

Merke: Ihre Knie sind völlig in Ordnung, und die Frisur ist auch o. k. Haben Sie keine anderen Sorgen?

Selbst, wenn sie es irgendwie fertigbringen, ein Kompliment lächelnd, schweigend und ohne Selbstanzeige anzunehmen, werden die meisten Frauen sich anschließend in qualvoll-paranoide Exegesen des Gesagten verstricken. Warum hat der/die das gesagt? Was haben sie damit gemeint? Welchen bösartigen Subtext könnte der Kommentar gehabt haben?

Männer haben übrigens den gegenteiligen Impuls. Die Sprachforscherin Deborah Tannen belegt diesen Unterschied sehr eindrucksvoll in einer Studie über die Berufswelt. Ihre Ausgangssituation war die folgende: Ein Vorgesetzter/eine Vorgesetzte trifft sich mit einem Mitarbeiter, um dessen Bericht zu besprechen. Der Bericht ist o. k., hat aber einige Mängel. Im Gespräch lobt der Vorgesetzte zuerst die guten Teile der Arbeit, und sagt dann, was verbessert werden muß.

Aus diesem völlig identischen Gespräch gehen Angehörige der beiden Geschlechter völlig unterschiedlich heraus, der männliche Mitarbeiter mit einer komplett anderen Botschaft als seine weibliche Kollegin. SIE ist am Boden zerstört über die Kritikpunkte und macht sich sofort sorgenvoll an die Korrekturen. Sie ist sicher, daß der/die Vorgesetzte sie überhaupt nicht mag, ihre Arbeit schrecklich findet und sie am liebsten loswerden würde. ER hat in erster Linie das Lob gehört und ist nun davon überzeugt, daß man ihn gut findet. In seinem angenehmen Gefühl der Leistung nimmt er die nötigen Änderungen oft gar nicht mehr vor, weil er den Rest des Gesprächs nicht mehr wahrgenommen oder sofort wieder vergessen hat.

Merke: Wenn Sie einen Mann verbessern wollen, machen Sie ihm vorher bloß keine Komplimente.

Wenn den Frauen auch das Talent zum Glücklichsein fehlt, so kompensieren sie diesen Makel, indem sie eine ausgesprochene Begabung zum Unglücklichsein mitbringen. In ihre trüben Gefühle lassen Frauen sich ein, als ob sie dort zu Hause wären. Exzessiv betrieben, wird Leiden zu einer Ersatzhandlung.

Ein schlechtes Gefühl ist dazu da, so schnell wie möglich abgedreht zu werden, und die geeignete Methode dafür ist die Tat. Diese Tat wiederum darf nicht durch das Gefühl, sondern sollte durch den Kopf bestimmt werden: Eine Tat nämlich, die sich primär aus dem vorangegangenen schlechten Gefühl ableitet, ist oft eine Kurzschlußhandlung, die alles nur noch schlimmer macht. Das schlechte Gefühl gibt Meldung, doch dann ist der Kopf aufgerufen, die Gründe und Hintergründe zu ermitteln und Auswege zu finden.

Typische Beispiele für gefühlsgelenkte Kurzschlußhandlungen finden wir in jeder beliebigen Ehe- und Scheidungsstatistik. Sehr viele Leute heiraten, weil sie sich schlecht (erstaunlich oft sogar, weil sie sich miteinander schlecht) fühlen. Im Zuge einer anderen Untersuchung fragten wir Hunderte von Paaren, warum sie geheiratet haben. Gar nicht so selten hörten wir die exzentrische Begründung, man habe geheiratet, weil die Beziehung nicht gut lief. Die Eheschließung sollte so etwas wie eine Radikalkur für eine scheiternde Liebesbeziehung sein! »Wir dachten uns, hopp und tropp, probieren wir's halt«, formulierte ein Gesprächspartner diese geniale Strategie.

Ebenso viele Menschen lassen sich scheiden, weil sie unzufrieden sind, aber nicht unbedingt mit ihrer Ehe. Sie wollen ein Ausrufungszeichen in ein unbefriedigend verlaufendes Leben setzen, und eine Scheidung bietet sich an. Denn Heirat und Scheidung sind dramatische, emotionsreiche Wendepunkte, die einem das Gefühl geben, jetzt aber wirklich etwas unternommen und sein Leben total verändert zu haben. Wenn man sich verkalkuliert hat, dann befindet man sich nach der Scheidung in genau derselben Lage wie zuvor, nur diesmal mit Alimenten.

Merke: Lassen Sie sich nur scheiden, wenn alles andere in Ihrem Leben gut läuft.

Mit Ausnahme von Scheidungen, Morddrohungen, spontanen Kündigungen im Affekt und anderen drastischen und schwer rückgängig zu machenden Eingriffen in die persönliche Sphäre, die allesamt sehr gut überdacht und mehrmals überschlafen und in den meisten Fällen lieber nicht durchgeführt werden sollten, ist Handeln gut. Unser ganzer Organismus ist darauf ausgerichtet, zu handeln. Sehen Sie sich in der Tierwelt um: Lebewesen, die für ein handlungsarmes Dasein konstruiert sind, sehen anders aus. Sie sind keine Alge, keine Koralle, kein Schwamm. Ihr Entwurf sieht vor, daß Sie Ihre Umwelt selber aktiv gestalten und absichern und auf Veränderungen reagieren und spielen und an Unternehmungen Ihrer Gruppe teilhaben. Gefühle sind dabei eine Rahmenbedingung, wie der Wetterbericht. Sie fühlen sich schlecht? Regenschirm auf, Stiefel an, und trotzdem raus mit Ihnen.

Merke: Be happy, und wenn das absolut nicht geht, be busy.

In unserer Welt liegt der Kern des Problems oft darin, daß die Dinge am falschen Platz sind. Die Verhältnisse sind verkehrt. Manche haben viel zuviel Geld, andere viel zuwenig. Manche bekleiden fünf Ämter, andere sind arbeitslos. Es ist ein Problem der Verteilung. Bei den Emotionen verhält es sich ebenso. Dort, wo Emotionen einen wirklich nicht weiterbringen, sind sie üppig vorhanden. Dort, wo sie am Platz wären, fehlen sie mitunter gänzlich.

Während wir das schreiben, ist in Europa wieder Krieg. CNN zeigt nicht nur die dumpfen Bilder nächtlicher Bombardements eines trotzig verschanzten Belgrad, nicht nur die chaotisch überfüllten Flüchtlingslager und die zerstörten Ortschaften, CNN zeigt auch die Emotionen und ihre Verteilung. Die Flüchtlinge sind von Emotionen geschüttelt: Angst, Verzweiflung, Sorge, Kummer, Trauer, Resignation. Diejenigen, die ihnen das zugefügt haben, und diejenigen, die ihr Schicksal in der Hand halten, sind – scheinbar – emotionsfrei. NATO-Offiziere, serbische Politiker, Regierungschefs der betroffenen Länder, sie sprechen beherrscht, kontrolliert, flechten den einen oder anderen kleinen Scherz ein. Wenn sie vor uns auf dem Bildschirm erscheinen, ist klar: Diese Männer erstrahlen im Glanz der puren Ratio und der reinen Vernunft.

Der Chef des Roten Kreuzes besucht Belgrad. Er wird von Milošević empfangen. Am Wegrand in Kosovo werden, vielleicht in der Minute, albanische Männer aus Flüchtlingskonvois gezerrt, sie müssen auf dem Feld niederknien und werden erschossen. Milošević trägt einen adretten Anzug, wirkt staatsmännisch und souverän. Der Chef des Roten Kreuzes schreitet freundlich auf ihn zu und schüttelt ihm kollegial die Hand. Schon während des Bosnienkonflikts fiel uns eines auf: Frauen traten in Diskussionen über die politischen und militärischen Optionen des Westens wesentlich härter auf als Männer. Auch Pazifistinnen kamen im Angesicht der Massenmorde, der Angriffe auf »Schutzzonen«, der Massenvergewaltigungen, der Hinrichtung von Kindern zum Schluß, daß in diesem Fall ein hartes militärisches Durchgreifen notwendig war, je früher desto besser. Die Staatsmänner zogen es vor, zu verhandeln, ein unhaltbares Abkommen nach dem anderen auszuhandeln und grandios bekanntzugeben und bedauernd die Nichteinhaltung und neue Massaker zuzugeben und unverdrossen weiter zu verhandeln, während Tausende qualvoll starben. Sie wollten »vernünftig bleiben« und sich nicht von ihren Emotionen mitreißen lassen. Das wäre aber angebracht gewesen, während es vollkommen unangebracht ist, einem Kriegsverbrecher lieb und zivilisiert die Hand zu schütteln. Die Emotion hatte hier eine wichtige und richtige Mitteilung zu machen: daß hier Schreckliches geschah, daß nicht mehr herumgeredet und abgewartet, sondern daß sofort gehandelt werden mußte.

Merke: Wer in manchen Situationen den Verstand nicht verliert, hat keinen zu verlieren. Das wußte schon Heinrich von Kleist, von dem dieser Ausspruch stammt.

So hat Gefühl, Teil unserer Basisausstattung und somit oft als etwas Archaisches gesehen, auch eine metaphysische Komponente. Die Historikerin Nechama Tec[2] stellte Nachforschungen an über die Menschen, die während der Nazizeit Juden versteckt und gerettet hatten. Sie war überrascht, von ihnen viel über Spontaneität und Gefühl, dafür viel weniger über Ideologie und rationales Überlegen zu hören. Die mutigsten Helfer waren oft nicht die politisch Engagierten, sondern einfache Menschen, die unerwartet in die Situation kamen, jemandem helfen zu können, jemanden aufzunehmen – oder nicht. Mitunter hatten sie nur wenige Minuten Zeit, um sich zu entschei-

---

2 Nechama Tec, *When Light Pierced the Darkness*, Oxford University Press, N. Y. 1986

den. Warum hatten sie einen für sie so riskanten Schritt getan, wollte Tec von ihnen wissen. Woher hatten sie den Mut genommen, so viel zu wagen? Mit dieser Frage taten die meisten sich schwer. Die häufigste Antwort, die Frau Tec erhielt, lautete »Ich weiß es nicht«. Hingegen konnten ihre Interviewpartner ziemlich genau beschreiben, welches Gefühl der Entschluß in ihnen auslöste. Angst, ja. Nervliche Anspannung, ja. Aber auch Glück.

Eine Frau hatte einen jüdischen Flüchtling versteckt, der aber gefunden und festgenommen wurde. Mittels gefälschter Papiere gelang es ihr, ihn freizubekommen. Sie erinnerte sich: »Als ich Adas freibekommen hatte, überkam mich ein komisches Gefühl. Ich fühlte mich ganz leicht, wie ein Vogel. Vor mir selbst hatte ich das Gefühl, richtig gehandelt zu haben.« Ein dänisches Ehepaar berichtete von dem »eigenartigen, intensiven Glücksgefühl«, das sie jedesmal erlebten, wenn sie ein Boot voll mit Flüchtlingen erfolgreich nach Schweden lossenden konnten.

Dieselbe Entdeckung machte Michael Ryan[3] in einer ähnlichen Studie. Er stieß auf eine Frau, die 25 Juden beherbergt und gerettet hatte. Nach ihren Beweggründen gefragt, erklärte sie: »Ich war eine Bäuerin. Mein Leben lang habe ich hart gearbeitet. Mein Mann ging nach der Arbeit ins Gasthaus und unterhielt sich mit seinen Freunden. Er hatte auch einen freien Tag, den Sonntag. So etwas hatte ich nicht, denn auch am Sonntag mußte ich ihn noch bedienen. Als ich diese Juden versteckte und versorgte, war es das erste Mal in meinem Leben, daß ich

---

3 Michael Ryan, *Human Responses to the Holocaust*, Edwin Meelen Press, N. Y. 1981

etwas ganz von mir aus tat. Ich fühlte mich wie ein freier Mensch.«

Merke: Wir können uns gut fühlen, weil der Typ von vorletzter Woche endlich wieder angerufen hat. Wir können unsere Ansprüche aber auch eine Spur höher stecken.

Ruth Morgan Raffaeli

Wenn die Liebe zur Hölle wird

Eine zerstörerische Beziehung erkennen und ihr entkommen

Aus dem Amerikanischen von Vera Pagin
236 Seiten. Broschur

Mißbrauch beginnt mit Angriffen auf die Seele und Würde der Frau und endet im schlimmsten Fall mit brutaler körperlicher Gewalt. Jede Frau sollte über Mißbrauch in Beziehungen informiert sein. Denn das Wissen, wie man sich wehrt, kann ihr Selbstbewußtsein, ihre Gesundheit und letztlich ihr Leben retten.

Das Buch bietet Tests, Fallstudien und Beispiele, die es Ihnen ermöglichen, Ihre eigene Beziehung zu überprüfen und festzustellen, ob Sie mit einem potentiell gewalttätigen Partner zusammen sind. Ruth Morgan Raffaeli zeigt die Möglichkeiten auf, dieser Situation zu entkommen und das eigene Selbstwertgefühl zurückzugewinnen. Zugleich wendet sich die Autorin an Freunde und Verwandte, die dem Opfer häuslicher Gewalt helfen wollen, aber nicht wissen, wie sie ihre Hilfe anbieten sollen.

Wolfgang Krüger Verlag

Der neue Bestseller von Ute Ehrhardt

Ute Ehrhardt

Die Klügere gibt nicht mehr nach

Frauen sind einfach besser

224 Seiten. Klappenbroschur

›Gute Mädchen kommen in den Himmel, böse überall hin‹.
Ute Ehrhardts prägnante Analyse ist zum Buch-Klassiker geworden.
Jetzt zeigt sie den Frauen, wo ihre Stärken und Chancen liegen: das
»schwache« Geschlecht ist längst stark geworden. Der weibliche
Vorsprung ist bedeutender als viele erwarten. Unsere Bescheidenheit
hat uns zu lange die Augen verschlossen, doch unsere weiblichen
Vorzüge sind heute gefragt.

Frauen haben in vielen Auseinandersetzungen den längeren Atem
und könnten die wirklichen Gewinner sein. Doch das will die zöger-
liche Seele der Bescheidenen (noch) nicht erkennen. Oft bremsen sie
sich selbst aus, verspielen ihre Chancen und wollen gar nicht so genau
wissen, was wirklich in ihnen steckt.

Dass sie sich ihre Lebenslust und ihre Freude am Erfolg schmälern,
das bemerken sie spät. Während Männer einen Kult des »Ich bin der
Größte« entwickeln, machen Frauen sich klein.

»Ich kann es.« Diese Kraft, die Freude an der eigenen Lebenstüchtig-
keit, das erleben sie zu selten.

Es gilt, Fakten zu schaffen, statt sich vor vollendete Tatsachen stellen
zu lassen. Die Devise lautet: »Zupacken statt zögern«. Frauen müssen
den Mut finden, sich der eigenen Talente bewusst zu werden und sie
für ihre Lebensfreude nutzen. Es ist an der Zeit, aus dem Schatten zu
treten. Und nachgeben, wenn SIE die bessere Lösung hat, das wäre
einfach widersinnig. – Wir haben zu lange still gehalten.

Krüger Verlag

Eva Wlodarek
Spielregeln des Lebens
für mehr Glück und Erfolg
224 Seiten. Gebunden

Sind Sie rundum zufrieden mit Ihrem Leben? Sind Sie glücklich? Wenn Sie das Gefühl haben, immer wieder an Grenzen zu stoßen und nicht richtig weiterzukommen, sich mit Problemen quälen und unter Stress und Enttäuschungen leiden, dann sollten Sie sich mit den Spielregeln des Lebens befassen. Eva Wlodarek hat die Anleitung dazu geschrieben. Mit sieben elementaren Spielregeln, die für jeden gelten, bietet sie ein hervorragendes Handwerkszeug, das eigene Leben erfolgreich zu gestalten. Ihr Leben wird sich positiv verändern. Sie werden weiter kommen, als Sie es sich je erträumt haben, und glücklicher und erfolgreicher sein als je zuvor.

Krüger Verlag

fi 2-2343 / 1

Harriet Rubin
Machiavelli für Frauen
Strategie und Taktik im Kampf der Geschlechter

Aus dem Amerikanischen von Susanne Dahmann

Band 14683

Harriet Rubins Buch, das sofort nach Erscheinen die Bestseller-listen stürmte, wendet sich an alle Frauen, die sich nicht länger von Vorgesetzten, Liebhabern, Eltern oder wem auch immer vom Er-reichen ihrer eigenen Wünsche und Ziele abhalten lassen wollen.

Rubin überträgt Machiavellis »Ratschläge an einen Fürsten« auf die heutige Lebenssituation von Frauen und entwickelt daraus eine kühne Strategie, die die Taktiken der Liebe mit denen des Krieges vereint. Ihre Erfolgsstrategien, die so unterschiedliche Leserinnen wie die Kabarettistin und Entertainerin Lisa Fitz, die Bischöfin Maria Jespen oder die Frankfurter Oberbürgermeisterin Petra Roth begeistert haben, lassen keine Leserin kalt.

Fischer Taschenbuch Verlag